LE LIVRE DU TRAPPEUR QUÉBÉCOIS

Envoyez-nous vos nom et adresse en citant ce livre et nous nous ferons un plaisir de vous faire parvenir gracieusement et régulièrement notre bulletin littéraire qui vous tiendra au courant de toutes nos publications nouvelles.

LES ÉDITIONS UNIVERS INC.
1651 ST-DENIS, MONTRÉAL, QUÉBEC, H2X 3K4

Paul Malouin

Le livre du trappeur québécois

illustré par Suzanne Raymond

L'AURORE

Photos:

Daniel Lebel: pages 15, 15, 22, 33, 53, 71, 79, 81, 156, 158, 159, 160, 161, 208
Fonds du Musée Mc Cord de Montréal: pages 41, 42, 43, 44, 45, 46, 47
Raymond Cayouette: pages 84, 88, 96, 115, 124, 133, 144
American Museum of Natural History: pages 56, 68, 70, 74, 107, 134, 140, 148, 150

DISTRIBUTION

Les Messageries Prologue Inc.
1651 Saint-Denis, Montréal, Québec.
849-8120 / 849-8129

Montparnasse - Édition
1, Quai de Conti , Paris 75006,
France

Foma - Cédilivres
5, avenue Longemalle, 1020 Renens,
Suisse

Les Presses de Belgique
25, rue du Sceptre, 1040 Bruxelles,
Belgique

Pour Patricia
et pour Manuel
qui savent pourquoi

AVANT-PROPOS

L'histoire du trappage se confond pratiquement avec celle du Québec. La traite de la fourrure fut, sous le Régime français, l'essentiel de notre commerce et il fallut attendre la cession du Canada aux Anglais pour que le bois la remplace à la première place. La fourrure causa des guerres. Elle fut la raison de bien des drames dont celui des Sauvages qui devinrent vite les premières victimes des Compagnies mercantiles et de certains coureurs de bois sans scrupules.

C'est autour du trappage et de la traite des peaux que s'organisa notre vie sociale primitive. La légende n'exagère pas, le trappeur et le trappage donnèrent au Québécois des traits de caractère que l'on retrouve chez lui encore aujourd'hui. Il y aurait là tout un aspect de notre personnalité à découvrir.

De nos jours le trappage peut sembler un jeu aussi inutile que cruel. Il existe toujours un commerce de la peau mais on ne peut plus y faire fortune. L'élevage est passé par là. Besoin d'abord, le trappage devint vite commerce avec la colonisation; il est sport maintenant dans la plupart des cas.

C'est sous cet angle qu'il faut le considérer désormais.

Mais de quel sport s'agit-il?

La façon dont ce livre a été construit est une réponse partielle à cette interrogation. Par son contenu, il dépasse en effet le simple manuel, quoiqu'il soit également un manuel aussi complet que possible et pratique. On y trouvera, par exemple, le schéma de plus de 90 pièges. J'ai surtout voulu élargir la vision du trappage pour en faire, beaucoup plus qu'un sport parmi d'autres: un art de la nature.

On peut voir le trappeur comme un tueur d'animaux. Il l'est dans un certain sens. Je préfère le considérer comme un philosophe de la Nature qui, profitant de son métier ou de son divertissement, médite sur les hommes, les bêtes et la forêt.

Il y a, en effet, entre l'homme, la bête et la forêt toutes sortes d'interactions. La plus évidente est celle d'un jeu de vie et de mort. Trapper efficacement un animal exige des règles, qu'imposent d'ailleurs beaucoup plus la nature de la forêt et l'instinct de la bête, que le raisonnement de l'homme. Attraper un animal, c'est littéralement le *déjouer* dans un milieu qu'il connaît généralement beaucoup mieux que le trappeur. Mais l'animal peut gagner en déjouant l'homme à son tour. La forêt elle-même n'est pas innocente. On s'y perd; on s'y émerveille. Elle joue sur notre psychisme; elle nous attire; elle nous effraie. Sa géographie pose des questions incessantes qu'il faut résoudre.

En un mot comme en dix, je crois que le trappeur moderne, le trappeur *sportif,* en particulier, ne doit pas avoir comme premier but une peau d'animal sur laquelle est étiqueté un prix. Son premier but est la découverte de la nature et de ses règles. Le trappage n'est plus qu'un prétexte à la réflexion personnelle.

Les animaux, par exemple, ne sont pas des *êtres inférieurs* comme l'on dit. Ce sont des *êtres,* voilà tout, qu'il faut apprendre à connaître et à estimer à leur propre valeur. Certains sont respectables comme les canidés; d'autres sont amusants ou touchants comme la loutre; certains sont un peu conformistes, voire ennuyeux, comme le castor; d'autres ont un petit côté révolté comme la belette ou le carcajou.

Comment apprendre à les connaître? Telle a été la question que je me suis posée. L'approche scientifique ne me paraît pas être la bonne; d'ailleurs je ne suis pas un scientifique. Pour reconnaître physiquement un animal, une bonne photographie suffit.

J'ai opté pour une approche moins traditionnelle, du moins dans le cadre d'un livre sur le trappage. Chaque fois que cela a été possible, j'ai orienté ma recherche du côté des légendes, des symboles. Les animaux font partie intégrante de l'histoire des peuples. La meilleure façon de les connaître pourrait bien être de les voir comme les anciens les voyaient, en anges ou en démons, en esprit malins ou bienfaisants, etc...

On ne sera donc pas surpris que le *loup blanc* des eskimos apparaisse dans ce livre où les animaux parlent souvent et participent étroitement à l'élaboration de notre civilisation. Je me suis même décidé à publier quelques courtes mais instructives légendes des peuples nordiques.

L'auteur, Paul Malouin

Mon but premier est clair: je tiens beaucoup à ce que l'on respecte l'animal avec lequel le trappeur va s'affronter. Tuer est, hélas, à la portée de tout le monde.

À ce propos, je tiens beaucoup à remercier mes éditeurs pour l'aide qu'ils m'ont apporté pour faire cette recherche.

D'ailleurs, je n'aurais pas été heureux d'écrire ce livre s'il n'avait été que des recettes de tuerie. Ainsi, il est important que tout futur trappeur apprenne à respecter la forêt, c'est-à-dire qu'il apprenne à la connaître.

Sans doute, le milieu du trappage est dur. Le trappeur est souvent solitaire, éloigné de sa femme et de ses enfants. Il lui faut travailler dans le froid, la boue, les mauvais sentiers; certains animaux, comme la martre, obligent à des prouesses d'exploration bien pires encore.

Cette dureté du métier, ou du sport, pourrait être l'excuse à une certaine dureté de l'âme.

Il n'en est rien.

En fait, je doute que *Superman* ou *Monsieur Univers* puissent survivre longtemps en forêt. Le trappeur qui pue, le trappeur aux épaules carrées, le trappeur qui sacre et qui crache... autant d'images toutes faites. Le trappage est avant tout un art qui exige de la souplesse, de la fluidité. Un pas de trop sur une piste, un cri de trop dans le silence, une odeur de trop dans un sous-bois de résineux, et c'est raté.

Dans un tout autre ordre d'idée, Carlos Castaneda a bien défini le trappeur dans ses *Teachings of Don Juan*. "Le chasseur impeccable, écrit-il, ne pénètre son monde que légèrement. Il n'y reste que le temps dont il a besoin. Il s'en dégage avec légèreté. C'est à peine s'il y laisse sa marque".

Je n'aurais pas pu faire un tel livre tout seul. J'ai déjà dit que mes éditeurs m'y avaient aidé. Je tiens à remercier plus particulièrement François Gélineau qui s'est occupé de la recherche iconographique et bibliographique, ainsi que Suzanne Raymond qui a bien voulu dessiner les différents pièges selon les modèles que je lui avais fournis. Les photographies sont de Daniel Lebel.

Ce livre n'est évidemment pas le premier que l'on écrit sur le trappage. Il n'est que de citer, parmi les derniers parus, les ouvrages excellents de Paul Provencher et de George Robberts. J'espère néanmoins qu'il ajoutera quelque chose à cet art qui pour moi reste un excellent moyen d'expression.

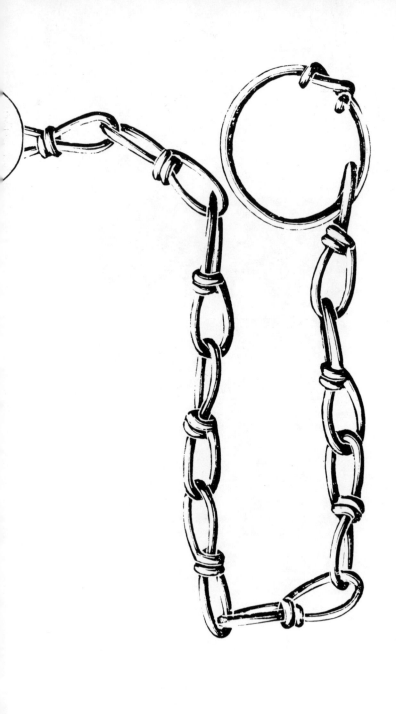

PREMIÈRE PARTIE

Généralités sur le trappage - les formalités, les régions où trapper, les différents types de pièges, les appâts et les leurres

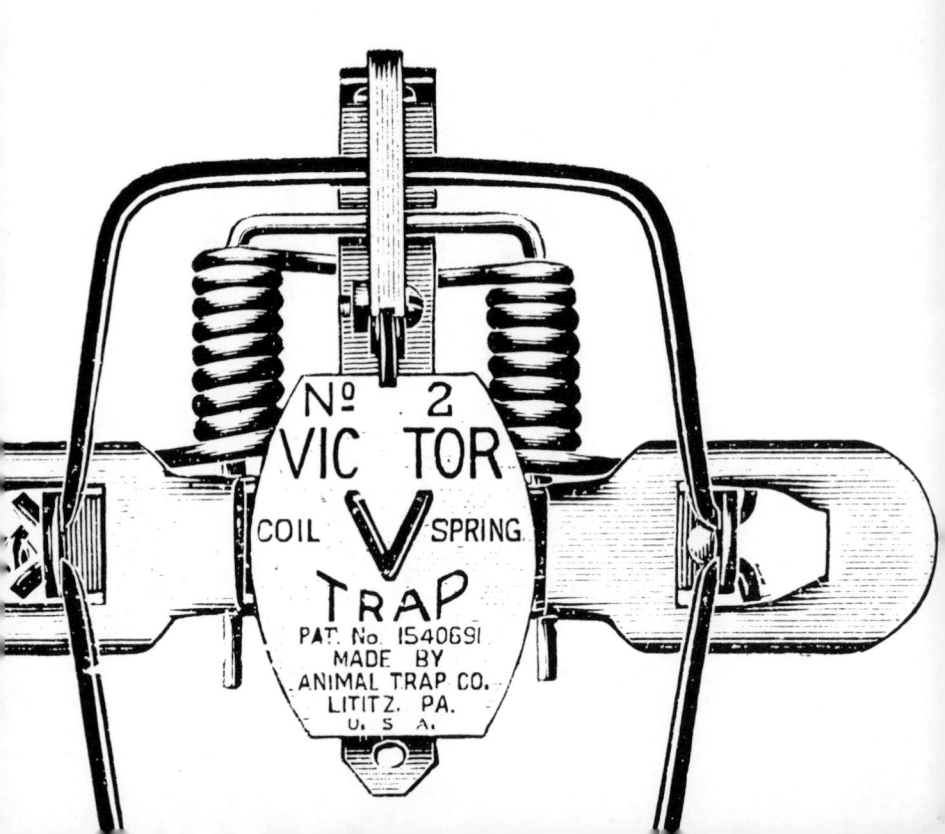

Le temps n'est plus où l'on pouvait "prendre ses petites affaires", embrasser sa femme et ses enfants et partir dans le bois pour trapper. Pour trapper les bêtes à fourrure, il faut demander un permis au ministère du tourisme, de la chasse et de la pêche et défrayer un certain montant d'argent. En vous remettant ce permis, le Gouvernement vous donnera un résumé des lois et des règlements concernant le trappage et le commerce de la fourrure.

De même, l'on ne trappe pas en n'importe quel temps. Il y a des raisons naturelles à cela; outre la nécessité urgente désormais de protéger la faune, la fourrure est plus belle en hiver. On peut donc trapper dès novembre. Cependant, il vaut mieux attendre décembre pour ouvrir ses trappes et ses pièges: alors, les queues des martres, visons, et renards sont magnifiquement garnies.

Plus la peau est belle et plus elle se vend cher, dans son ordre de grandeur particulier, et selon la demande du marché.

Outre ces formalités, le trappeur doit se préparer durant les saisons où le trappage est interdit: voir au bon état de son matériel (enlever la rouille des pièces métalliques, huiler les pièges avec une graisse inodore) et préparer ses leurres et appâts particuliers.

Explorer le territoire sur lequel on va trapper est d'une absolue nécessité. Ruisseaux, calvettes, petits bois, lacs et marais doivent être passés au peigne fin. Pistes, endroits où l'on trouve des excréments (leur abondance aussi), tanières et trous seront soigneusement notés sur un petit calepin.

C'est ainsi que l'on évalue la richesse animale du terrain où l'on va trapper. Généralement, une seule ligne de trappe sur un seul terrain ne suffit pas pour justifier le travail de tout un hiver. Il faut donc établir plusieurs lignes de trappe et, par conséquent, voir à explorer plusieurs terrains.

Il existe des trappeurs professionnels qui travaillent sur des terrains de trappe enregistrés. Seuls à y travailler et protégés par la loi, ils ne craignent pas la concurrence. Mais ils sont soumis à des règles très strictes et doivent fournir, tous les mois, un rapport détaillé sur leurs prises au ministère concerné.

La plupart des trappeurs toutefois, et particulièrement les trappeurs amateurs, oeuvrent en terre agricole. Ils sont alors en concurrence avec d'autres trappeurs et leur habileté est mise à rude épreuve.

Cependant, trapper en région agricole offre un problème qu'il faut résoudre avec psychologie et amabilité. Pour poser ses pièges sur le terrain d'autrui, il faut demander la permission du cultivateur.

Généralement, celui-ci ne détestera pas que l'on vienne le débarrasser des castors ou des renards qui sont nuisibles à son travail. Très souvent même, il donnera au trappeur des indications précises sur leurs habitudes et leurs déplacements.

Parfois le cultivateur sera plus réticent: il n'aimera pas voir son terrain envahi par des inconnus, roulant parfois en motoneige.

Dès lors, il vous faudra de la patience pour le convaincre. Cela peut prendre plusieurs saisons. Mais, après tout, les cultivateurs, eux aussi, aime bien manger du lièvre.

La technique du trappage part de principes simples. Les bien connaître facilite la tâche. Avec du temps et de l'expérience, chacun de ces principes peut trouver des applications plus raffinées selon le terrain où l'on trappe et l'animal que l'on veut trapper.

Les *pièges* servent à attraper l'animal. Il en existe trois sortes: la *trappe,* assemblage de bois, qui est la plus ancienne; le *collet,* petite boucle de métal ou de fil, au travers duquel l'animal se fait prendre par le cou; le *piège à ressort* qui est le plus moderne.

L'installation correcte d'un piège n'est pas suffisante pour capturer un animal. Il faut encore le pousser à s'y faire prendre. On se sert, pour cela, d'artifices qui l'y conduisent. Il y a d'abord pour ce faire les *guides,* généralement des morceaux de bois, des pierres, etc... qui sont disposés sur le terrain et dirigés vers l'appât et le piège; ces guides peuvent être disposés verticalement ou horizontalement. On utilise aussi les *cabanes;* recouvertes ou non d'un toit. Elles prennent simplement la forme d'un *couloir* de troncs.

À ces guides "matériels", on doit encore rajouter une incitation plus précise. Ce sont les *appâts* et les *leurres.*

C'est de cela que nous allons traiter dans les lignes qui suivent. Nous nous en tiendrons aux grands principes; on trouvera des applications spéciales pour chaque animal.

GÉNÉRALITÉS

Les pièges

Les *pièges de type Victor* ont une mâchoire d'acier qui se referme sur la patte de l'animal, quand celui-ci, en s'y posant, fait partir la palette de déclenchement qui se trouve au centre.

L'animal pris, a le choix: attendre le trappeur qui l'achèvera ou s'amputer lui-même, ce qu'il fera en hiver lorsque le froid aura gelé sa jambe prise. Pensez-y.

Le piège Conibear, d'invention plus récente, *tue instantanément l'animal,* soit en l'écrasant, soit en lui brisant le cou. Il fonctionne lui aussi à ressort. C'est un piège efficace qui évite pratiquement toute souffrance inutile à l'animal. Toutefois, il est avantageux de visiter quotidiennement ce genre de piège; il ne s'agit pas de mettre son nez dessus, mais de le surveiller de loin, discrètement. Autre inconvénient; le piège Conibear en se déclenchant saute souvent en arrière ou en avant. Mais ce défaut peut servir au trappeur s'il sait comment disposer adéquatement les broches du déclencheur. Malheureusement, seule l'expérience peut enseigner à bien disposer ses pièges.

PIÈGES DE TYPE VICTOR

No 0	: belettes, écureuils
No 1	: visons, écureuils
No 1$^{1}/_{2}$	: visons, chats sauvages, martres
No 2	: lynx, pékans, chats sauvages, renards
No 3	: loutres, coyotes
No 4	: castors, loutres, loups, carcajoux
No 4$^{1}/_{2}$	: loups, carcajoux
No 5	: ours noir
No 6	: ours, cougouar, jaguars
No 7$^{1}/_{2}$	: ours, tigres, cougouars, lions

PIÈGES CONIBEAR

No 110	: belettes, écureuils, rats musqués
No 120	: rats musqués, visons, martres
No 220	: chats sauvages, pékans, renards
No 330	: castors, loutres, chats sauvages, renards, carcajoux

À gauche, un piège de type Conibear (fermé); à droite, un piège de type Victor (ouvert).

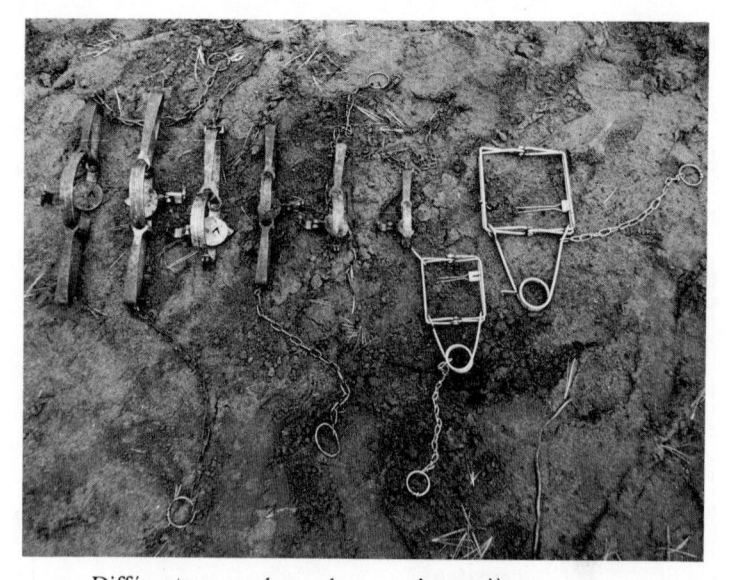

Différentes grandeurs de ces mêmes pièges.

GÉNÉRALITÉS

Les pièges "sauteurs" *(jump* ou *coil spring)* sont un développement récent des pièges de type Victor. Leurs ressorts sont sous la palette du déclencheur, alors que dans le cas des pièges Victor ils sont placés latéralement. On les emploie, à la place des Victor conventionnels, dans des endroits confinés comme les troncs creux ou à toute autre place où le Victor ne peut s'adapter à cause de sa dimension. Outre leur petitesse, leur caractéristique principale est de sauter haut sur la patte de l'animal. C'est pourquoi ils sont généralement bien adaptés à la trappe aux canidés. Malheureusement, ils sont assez coûteux à l'achat.

Les pièges à ressort sont naturellement en métal. Quand on emploie des pièges de cette sorte, il vaut mieux tenir compte de l'odorat de l'animal. Un piège à odeur suspecte ou trop voyant, le fera fuir automatiquement. Un bon piège a l'odeur de l'environnement où on le pose. Ce serait bêtise de poser un piège traité à l'essence de conifère dans un tronc creux; ce piège devrait plutôt sentir le bois pourri. Un piège posé dans l'eau sera moins facilement détecté par un animal qu'un autre posé sur terre. Enfin, le métal qui s'oxyde dégage une odeur caractéristique, que les animaux apprennent à connaître et à reconnaître.

Il faut également enlever le brillant des pièges. Selon le cas, on les noircit ou on les blanchit.

Avant tout, dès que l'on achète un piège (même un piège usagé), il convient de le faire bouillir pour enlever toute trace de senteurs diverses, dont les senteurs de graisse et d'huile.

Pour traiter les pièges, il suffit d'avoir sous la main les ingrédients et le matériel suivants: de la chaux, de la paraffine ou de la cire d'abeille, du savon, des écorces d'érable en santé, des écorces de chêne, des écorces de bouleau, de l'huile de feuilles de cèdre, de l'huile de pin, un baril de quarante-cinq gallons en métal ou un gros chaudron, du papier sablé, une brosse en acier.

Méthode pour enlever toute senteur humaine sur les pièges: les faire bouillir dans de l'eau et de la cire d'abeille, puis les fumer sur un feu de feuilles de cèdre, de genévrier et d'écorces de bouleau vert; le feu ne doit pas être trop fort et doit fournir beaucoup plus de fumée que de flammes.

Méthode pour cirer les pièges (les collets aussi): les faire bouillir dans de l'eau et de la cire d'abeille mais en rajoutant à ce bain quelques gouttes d'huile de feuilles de cèdre, d'huile de pin et de gomme de sapin. En sortant le piège, la cire y adhère.

Méthode pour noircir un piège: préparer d'abord la solution à noircir, en faisant bouillir pendant plusieurs heures des écorces de chêne, d'érable ou de bouleau, jusqu'à ce que la solution soit extrêmement foncée, voire noire. Placer l'anneau des chaînes du piège entre ses mâchoires et plonger le tout dans la solution que l'on laisse bouillir au moins pendant une autre heure. Jeter dans la solution un morceau de cire d'abeille ou de paraffine; laisser fondre la cire, puis retirer les pièges un par un, de telle sorte que ceux-ci soient recouverts d'une très fine pellicule de cire. Pendre les pièges sous les arbres, loin de la maison ou du camp. Ne jamais toucher les pièges avec les mains nues, mais employer des gants. Il est à noter que certains trappeurs laissent rouiller les pièges avant de les noircir et les lubrifient ensuite avec de la vaseline; cette méthode n'est efficace que pour les animaux moins méfiants.

Méthode pour rendre les pièges blancs comme neige (les collets aussi): les faire bouillir dans deux gallons d'eau et deux pintes de chaux, jusqu'à ce qu'ils soient absolument blancs.

Les trappes

À l'inverse des pièges qui sont de fabrication industrielle, et que l'on doit, par conséquent, acheter (on ne vole pas les pièges des autres si l'on en trouve sur son chemin), les trappes sont des mécanismes artisanaux qui permettent de capturer des animaux à fourrure; elles ne demandent qu'un investissement financier minimal. Sans doute, les pièges Victor ou Conibear se déplacent-ils très aisément et se placent-ils avec rapidité, mais les trappes, une fois construites, peuvent servir là où elles sont durant plusieurs années. D'ailleurs, on peut les construire durant la saison morte. De même, c'est un jeu d'enfant que de les réparer chaque année pour les remettre en bon état de fonctionnement.

Généralement, une trappe consiste en une charge, un jeu de coulisses et un déclencheur. La charge écrase le cou ou le dos de l'animal.

Une trappe doit être solidement établie dans le sol; un bon quinze pouces de profondeur pour les coulisses est suffisant. Il va sans dire qu'une trappe à ours sera plus imposante qu'une trappe à rat.

Comme il se doit, il existe de nombreuses sortes de trappes et chacun peut en inventer selon son imagination.

Trappe à fil

Cette trappe représente une autre façon de faire partir le déclencheur qui est un fil de nylon. En passant, l'animal tend le fil, qui libère la goupille du clou et la charge tombe.

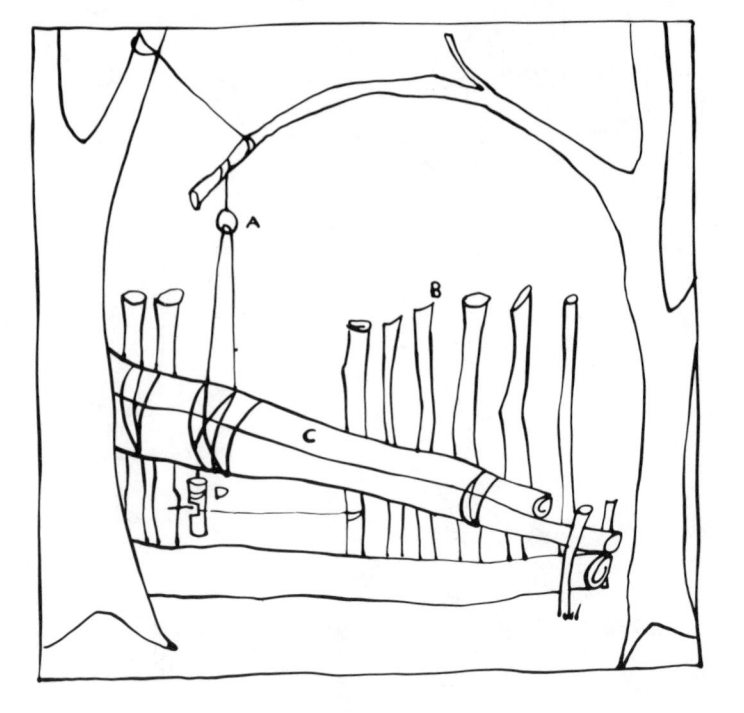

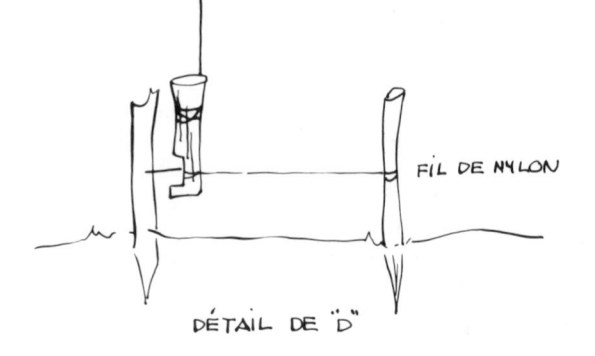

DÉTAIL DE "D"

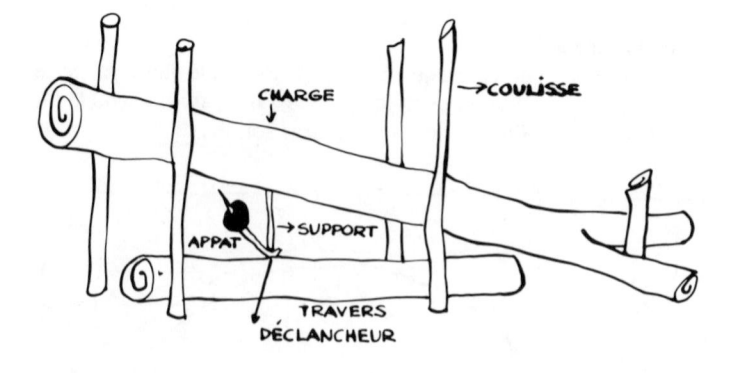

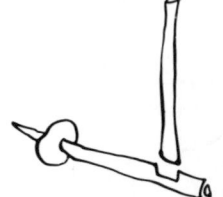

DÉCLENCHEUR

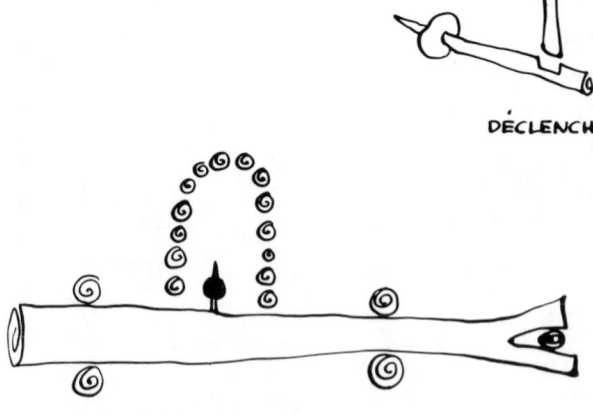

VUE DE HAUT

Trappe avec cabane

Cette trappe fonctionne latéralement. L'animal avance sa tête dans la cabane pour attraper l'appât et la charge lui tombe sur le dos.

À remarquer: la charge se termine par une fourche engagée sur une sorte de pivot pour la faire mieux tenir en place.

Les dimensions des pièces de bois sont les mêmes que pour celles de la trappe précédente.

Le déclencheur est de conception un peu plus simple.

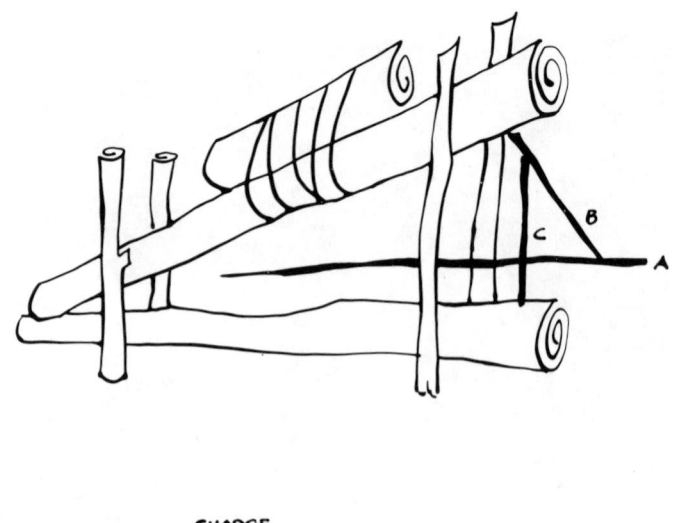

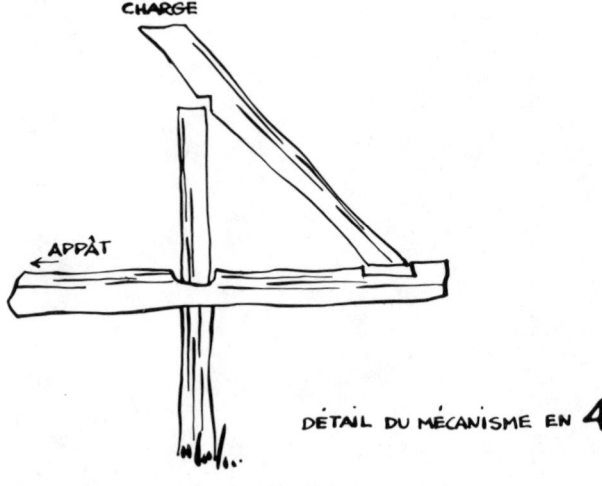

Une trappe élémentaire en chiffre 4

Les coulisses doivent être enfoncées d'environ quinze pouces dans le sol. Les plus hautes dépassent de trente pouces. La charge peut mesurer jusqu'à douze pieds de long sur huit pouces de diamètre. Le travers aura six pouces de diamètre.

Le déclencheur est le système "classique" qui tire son nom du chiffre 4 qu'il représente parfaitement.

Les collets

Bien des trappeurs diront du collet qu'il est le plus simple mais le plus efficace de leurs instruments. En effet, les collets ont les avantages suivants.

1) Les animaux meurent rapidement et l'on évite ainsi des souffrances inutiles, surtout si l'on emploie un collet "à barrure".

2) Les collets sont beaucoup moins dispendieux que les pièges à ressorts et beaucoup plus faciles à installer que les trappes de bois. Ils sont aussi beaucoup plus légers et se transportent facilement.

3) Quand on utilise le système de balancier, on évite de se faire voler ses prises par les autres animaux.

4) On peut les acheter tout prêts (collet Thompson) mais on peut les fabriquer aisément soi-même pendant la saison creuse.

Voici, par animal, le diamètre du collet et la hauteur à laquelle il faut le placer à partir du sol. Ces mesures sont approximatives.

LES COLLETS

animal	diamètre	hauteur
renard	8 à 10 pouces	8 à 10 pouces
coyote	12 à 14 pouces	12 pouces
loup	14 à 16 pouces	16 à 18 pouces
lynx	10 pouces	12 pouces
pékan	$3^1/_2$ pouces	3 pouces
chat sauvage	4 pouces	$^1/_4$ de pouce
martre	3 pouces	$^1/_2$ pouce
lynx roux	9 pouces	8 pouces
belette	$1^1/_4$ pouce	$^1/_4$ de pouce
ours	10 à 13 pouces	16 à 20 pouces
vison	4 pouces	$^1/_2$ pouce
castor	10 pouces	$^1/_4$ de pouce
loutre	10 pouces	$^1/_4$ de pouce
rat musqué	3 pouces	$^1/_4$ de pouce
moufette	4 pouces	1 pouce

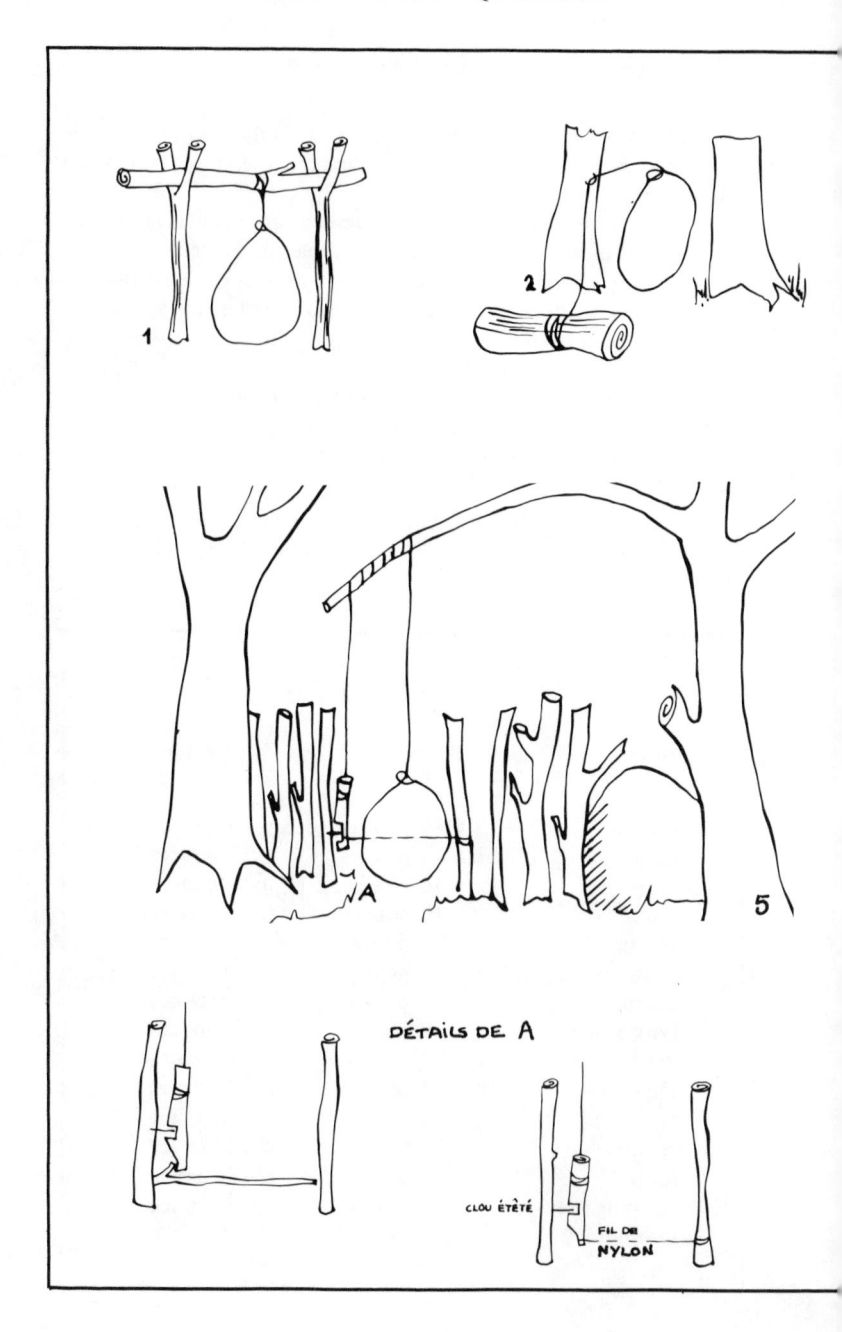

DÉTAILS DE A

CLOU ÉTÊTÉ

FIL DE NYLON

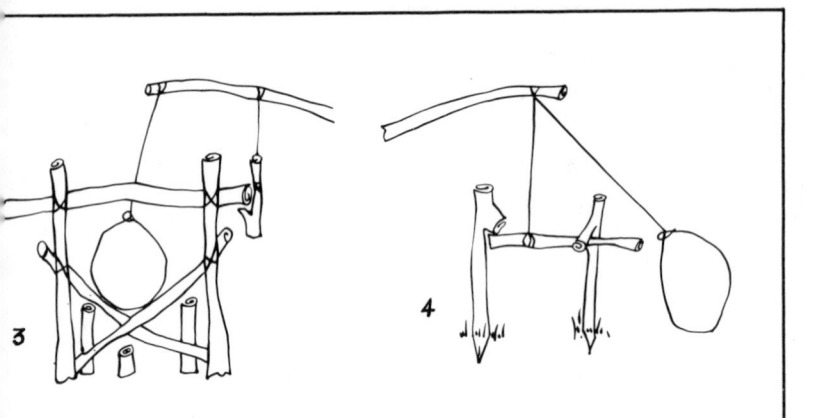

Dessin 1
Le collet le plus simple posé sur un petit échafaudage de bois. Les deux fourches sont solidement plantées dans la terre.

Dessin 2
Autre collet très simple. Cette fois-ci le collet est légèrement attaché au tronc d'un arbre. Le bout du fil est relié à une grosse bûche. L'animal décrochera le collet de l'arbre et tirera la bûche avec lui... pas très loin.

Dessin 3
Modèle assez simple de collet à balancier. L'animal pris dans le collet, fait sauter la goupille et dégage la branche d'arbre qui se relève en attirant l'animal prisonnier avec elle.

Dessin 4
Variante du modèle précédent. L'appareil de déclenchement est légèrement différent et placé à côté du collet.

Dessin 5
Collet relié à la branche souple d'un arbre avoisinant. La barrière de bois sert à restreindre le passage de la piste pour forcer l'animal à passer par le collet.
Le détail "A" montre le déclencheur monté avec un fil de nylon. Le détail "B" montre le même déclencheur monté avec une goupille de bois.

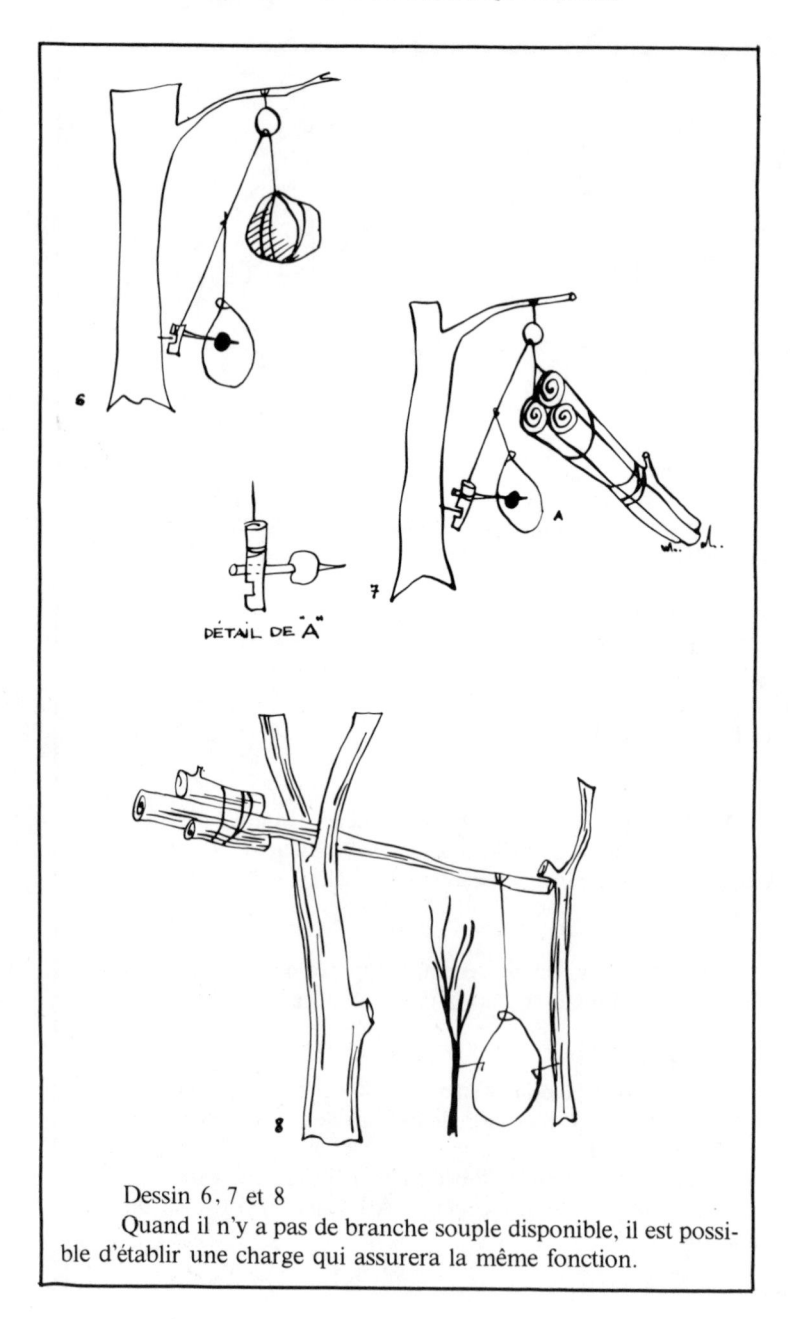

DÉTAIL DE "A"

Dessin 6, 7 et 8

Quand il n'y a pas de branche souple disponible, il est possible d'établir une charge qui assurera la même fonction.

GÉNÉRALITÉS

Les cabanes

Les meilleures *cabanes* sont celles que l'on trouve déjà dans la nature: arbre creux, trous sous des arbres tombés, amoncellement de rochers, etc... Si on les découvre dans un endroit fréquenté par les animaux, on place les pièges devant.

Mais parfois, il faut les construire.

Les *cabanes* construites par les hommes doivent être juste assez larges pour laisser pénétrer l'animal, de telle sorte qu'il ne puisse pas manoeuvrer à l'intérieur. Il faut qu'elles soient assez hautes pour que l'animal s'y sente à l'aise.

Une cabane construite pour la moufette.

On peut construire des cabanes sans toit. Je les préfère avec toit. On peut utiliser des matériaux divers; le bois est généralement le plus avantageux mais il ne faut pas dédaigner la pierre.

On construit ses cabanes pendant la saison morte et on les garnit régulièrement de carcasses d'oiseaux, dont la chasse est permise en toute saison. De cette façon, les animaux la fréquenteront et n'en auront plus peur. Les captures n'en seront que plus abondantes lorsque vous en arriverez à poser les pièges à ressort, les trappes ou les collets.

Les *guides*, verticaux ou horizontaux, sont des obstacles que l'on place habilement pour pousser l'animal vers le piège. On emploie le bois ou la pierre.

On utilise aussi les *couloirs*, fait de poteaux de bois, et les *barrières*, pour ce même usage.

Une illustration de guides verticaux et horizontaux, un couloir et une barrière.

Tout cela dit, encore faut-il que l'animal se fasse prendre, en "acceptant" le piège. Il a, sur le trappeur, l'avantage de connaître son terrain. Son instinct et son expérience le guident. Ses sens, particulièrement l'odorat, sont subtils.

Pour capturer un animal, il faut donc déjouer sa connaissance, lui faire commettre des erreurs en amoindrissant son sens inné de la prudence.

La faim et la curiosité sont bien mauvaises conseillères, si l'on est animal. L'instinct sexuel l'est aussi. Sur ce dernier point, ne ressemblent-ils pas aux hommes?

Leurres et appâts

Les *leurres* et les *appâts* servent essentiellement à activer les points faibles de l'animal sans pour autant éveiller ses soupçons.

On trouve dans le commerce, des leurres et des appâts tout préparés, dont certains sont certainement très efficaces. Néanmoins, pourquoi ne pas les fabriquer soi-même? Pour cela, il n'est pas besoin d'être chimiste. Il suffit de savoir observer les animaux, d'en déduire leur comportement et d'agir en conséquence.

Il est formellement interdit d'utiliser un poison quelconque.

Le meilleur appât est constitué d'un échantillon de la nourriture préférée de l'animal que l'on veut capturer. On le fabrique à partir d'autres animaux déjà pris au piège. C'est donc une bonne habitude, que de garder quelques carcasses gelées, pendues assez haut dans le bois. On peut également enterrer dans le sol ce qui servira d'appât.

Pourquoi emploie-t-on de la viande faisandée? Ce n'est pas toujours parce que l'animal la préfère. La principale raison est qu'il en décèle l'odeur plus facilement et de plus loin. De même, une carcasse grasse émettra plus d'odeur qu'une carcasse maigre.

Mais une pièce de viande, aussi appétissante qu'elle soit, ne suffit pas toujours; on lui ajoute parfois d'autres substances: teinture de musc, extraits d'organes tels que les reins, l'estomac, le foie, et parfois même, des extraits de glandes périanales.

En pratique, un trappeur doit apprendre, pour réussir parfaitement dans ses captures, à constituer des appâts qui feront appel à tous les instincts possibles. Après tout, l'animal n'est pas si différent de l'homme. On résiste peu à la faim, à la curiosité, et moins encore à l'instinct sexuel. Comment résister à ces trois éléments réunis.

Un leurre est une mixture d'ingrédients, destinée à attirer l'animal dans le piège. Il est constitué d'une base, de préservatifs, d'huiles d'origine animale ou végétale, de sécrétions glandulaires diverses. Il arrive, naturellement, que le commerce exige le remplacement d'une substance naturelle par un composé de synthèse.

Les bases sont une substance neutre, sans goût ni odeur et qui ne devrait pas geler, du moins pas aux températures habituelles du trappage. La glycérine et l'huile de paraffine sont excellentes pour cet emploi. On utilise néanmoins des huiles animales ou végétales qui ont une odeur particulière.

L'huile d'anis attire la loutre et le rat musqué.

La valériane, l'herbe à chat et l'extrait des glandes huileuses du castor, attirent l'ours et le lynx.

L'huile de livèche attire les canidés. On les séduit également par l'huile de poisson, agrémentée de rhodium et d'asafeotida lesquels, seuls, resteraient sans effet. Pour fabriquer de l'huile de poisson, on coupe en morceaux des poissons qu'on laisse au soleil pour cinq semaines environ. On filtre le liquide obtenu et on le conserve en jarre, en évitant tout contact avec les mouches, qui ne manqueraient pas d'y pondre!

Pour ajouter de l'effet aux leurres, on emploie également le gingembre, des extraits de pomme, de mûre, de framboise, de bleuet, de prune, de pêche, de cerise sauvage. On peut utiliser les muscs sous forme naturelle ou en teinture. La lavande, la menthe, l'huile de cumin, l'essence de miel excitent la curiosité des animaux. On peut même substituer aux muscs ordinaires, comme le musc de boeuf ou de chevreuil, des muscs plus rares, comme le musc de Sibérie ou le musc *Muskaro*. Le musc de Sibérie à peine plus puissant que l'huile de cumuin, est un attrait particulièrement puissant pour le renard, le loup, le pékan, la martre.

La matrice d'une femelle en chaleur attire toujours le mâle de son espèce durant la saison des amours. Après l'avoir prélevée soigneusement, on la conserve dans l'alcool, non sans y avoir mêlé une teinture du musc de l'animal.

À cela, il faut ajouter enfin l'urine et les excréments qui sont, pour l'animal, de véritables messages électroniques. L'urine est employée avec succès pour le loup, la belette, le pékan, le renard, le coyote et le vison. Les excréments ne sont pas sans attraits pour le vison, le pékan, la martre et le rat musqué.

GÉNÉRALITÉS

Comment préparer ces appâts qui ressemblent un peu aux onguents des anciennes sorcières? Pas plus qu'une sorcière, un trappeur ne vous confiera aisément ses secrets dont dépend en bonne partie, le succès de ses entreprises. Il vous donnera tout au plus, des renseignements généraux ou vous confiera (signe d'amitié) un pot qu'il a préparé avec soin.

Mais qu'on se rassure! Il ne s'agit pas de sorcellerie, quoique certaines odeurs soient véritablement démoniaques. À ce propos, évitez de préparer vos concoctions dans la cuisine...

Il ne vous reste plus qu'à expérimenter, jusqu'au moment où vous trouverez la leurre infaillible... ce qui est à peu près aussi assuré que de découvrir la quadrature du cercle ou la pierre philosophale.

Du moins, puis-je encore donner ce dernier conseil: gardez vos leurres dans un endroit frais et ne faites pas sentir à tout un chacun le résultat de vos recherches; une odeur de trop (surtout l'odeur du tabac) et c'est raté.

Enfin, le trappeur a besoin d'un certain matériel de base: hache, scie, passoire (pour tamiser la neige), truelle, machette, gants de caoutchouc, couteau, canif, cisaille, broche, corde, fil à morue, fil de laiton, pince, crampes et clous.

Généralement, les pièges à ressort sont livrés avec leurs chaînes, que l'on attachent à un poids. J'aime bien avoir des grappins que je peux fixer dans le sol à ma guise, ainsi que des chaînes pour rallonger celles des pièges qui sont parfois trop courtes.

Il lui faudra également un havresac, un sac de couchage, et un panier de trappeur.

Il aura soin d'apporter avec lui, une trousse de pharmacie pour les premiers soins, ainsi que quelques appareils pour repérer sa direction.

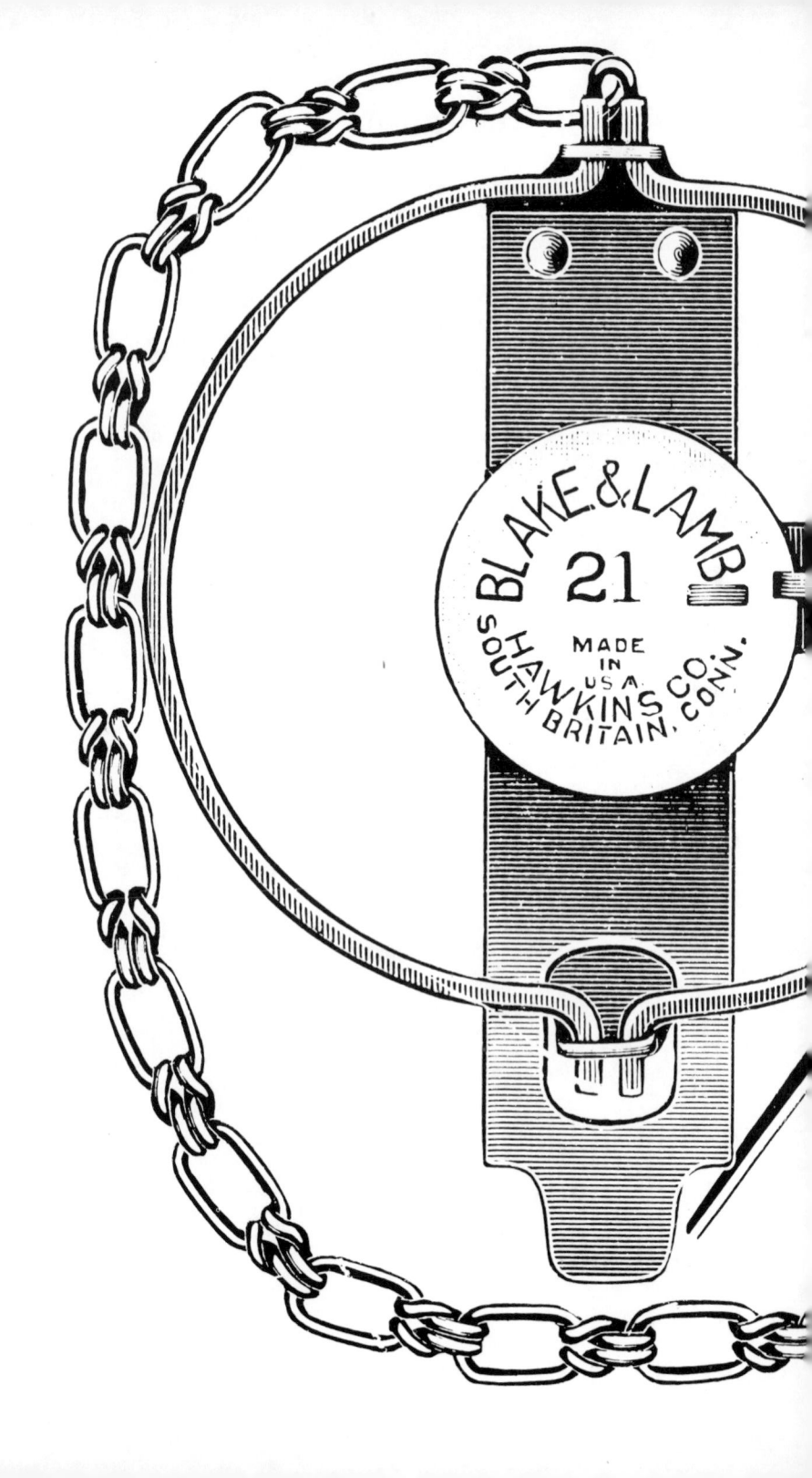

PREMIER
ENTRE-ACTE

Comment nos grand'pères voyaient les chasseurs de fourrures. Cette collection de photographies nous a été gracieusement fournie par le musée McCord de Montréal. Il va sans dire que les photographies de Notman que l'on y trouve ont été réalisées en studio. Les décors étaient peints et les animaux empaillés.

Résultat d'une saison de trappage (Coward album)

François Gros-Louis (Notman 1866)

En haut: un entrepôt de la Compagnie de la Baie d'Hudson à
    Mingan (1920)
En bas: l'intérieur d'un entrepôt de fourrure (Coward album)

Un négociateur de fourrure avec des esquimaux de la
Rivière Peel (C.W. Halhers, Edmonton)

En haut: un poste de la Compagnie de la Baie d'Hudson à Pic River
En bas: des trappeurs au nord de l'Ontario

Médailles du Beaver Club

Scènes de trappage
En haut: le carcajou
En bas: le castor

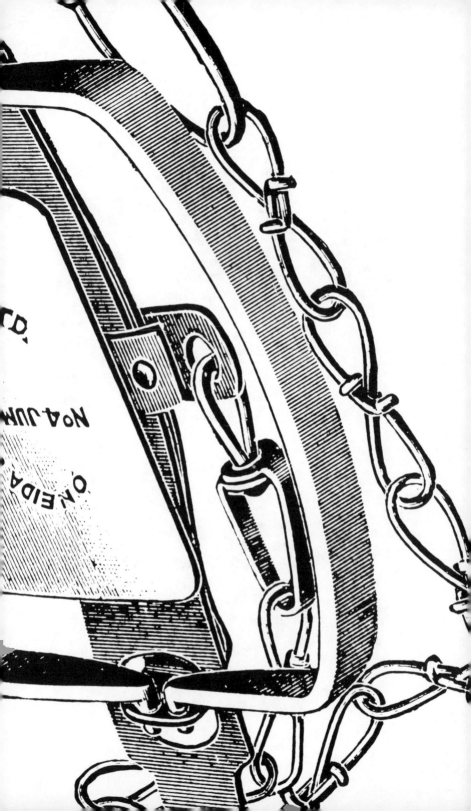

DEUXIÈME PARTIE

Anatomie intérieure des animaux, ainsi
que les pièges à ressorts, trappes et collets destinés à les capturer: la loutre, le
vison, la belette/hermine, la martre et
le pékan, la moufette, le lièvre/lapin, le
castor, le rat musqué, le raton laveur,
l'ours, le lynx, le loup, le renard, le
coyote, le chien errant.

Préliminaires

Les façons dont on construit un piège (à ressorts, trappes ou collets) sont pratiquement illimitées et dépendent, en bonne partie, de l'imagination et de l'expérience du trappeur. Il existe néanmoins des modèles "classiques", largement utilisés parce que leur efficacité est bien connue. De même, un bon nombre de ces pièges peuvent servir à trapper des animaux différents. Il suffit généralement d'en modifier les proportions et de les placer dans des endroits différents pour s'accorder à la dimension et aux habitudes de vie de l'animal concerné. Par exemple, le collet monté à la Couture et Boutin, peut servir à la loutre (où nous l'avons répertorié); on peut l'employer également pour le vison et le chat sauvage. De même, la méthode Moreau, que nous avons classée au chapitre du vison, s'adapte très facilement pour trapper le rat musqué.

Comme nous avons choisi de présenter le plus grand nombre de pièges possible, il y a forcément quelques répétitions, quoique nous nous soyons employés à les éviter dans la mesure du possible. Cela nous a conduit à préciser que tel piège, classé "pour la loutre", sert également à la capture d'autres animaux. Nos lecteurs sont priés de tenir compte de ces indications.

Conventions des dessins

Un piège dans son site naturel est généralement dissimulé. On comprend qu'il ne nous était pas possible de le présenter tel quel dans les dessins. Par souci de clarté, les éléments différents qui le composent ont souvent été schématisés.

Ainsi, une barrière est une *barrière* et non pas quelques bâtons entre-espacés. Les pieux sont gros, solides, etc...

De même, sauf exception, les pièges sont généralement dissimulés sous la neige, de la terre, de la mousse ou sous des feuilles mortes ou des branchages. Nous les avons représentés à découvert pour que l'on voit bien leur position.

Il est assez simple d'enterrer un piège Victor sous la terre. Il faut juste veiller à ne pas coincer le mécanisme de déclenchement. Voir illustrations.

Sous la neige poudreuse (nouvelle neige), la méthode est identique quoiqu'il faille attacher un soin particulier au mécanisme de déclenchement sous lequel on placera un peu de mousse. Pour recouvrir le piège, on se servira d'une grosse passoire.

Quand la neige est tapée ou humide, il est nécessaire d'agir avec un peu plus de soin.

1) Faire une petite dénivellation.

2) Y déposer un léger tapis de brindilles de conifère pour que le piège reste stable.

3) Placer une feuille de papier ciré blanc qui enveloppera les mâchoires du piège afin d'éviter des infiltrations.

Enfin, il ne faut pas oublier qu'un piège devrait être blanchi pour l'emploi d'hiver et noirci pour les autres saisons. Il faut les poser prudemment en utilisant des gants en caoutchouc. On peut les laver auparavant avec de l'urine pour éviter toute possibilité de senteur humaine.

Tuer l'animal

Avant même de poser son premier piège, il faut être assuré que l'on est capable de tuer un animal. Certains ne le peuvent pas. D'un autre côté, certains animaux pris aux pièges peuvent être réellement dangereux.

Voici donc quelques principes de base.

1) Chaque fois que cela est possible, utilisez des méthodes de piègeages qui tuent l'animal sur le coup: trappes, collets avec mécanisme de levage, piège Conibear, mécanisme de noyade avec les pièges Victor, etc...

2) Attachez solidement vos pièges Victor, soit à un poids, soit à un piquet, pour éviter que l'animal puisse vous sauter dessus quand vous tenterez de le neutraliser. Après tout, l'animal défend sa vie.

3) On peut utiliser un gourdin dont on assène un coup sur le nez de l'animal; puis on peut l'étrangler avec un collet. Mais un amateur peut avoir avantage à lui tirer un coup de carabine de petit calibre entre les deux yeux.

En un mot, l'animal pris au piège doit être tué de la façon la plus rapide possible s'il est encore en vie. S'il semble mort, n'en soyez pas trop sûr et vérifiez avant de vous en approcher.

La loutre

La loutre sait
L'ordre des rivières
et le sens des gués
te fera passer
sans que tu te noies
et te portera
jusqu'aux froides sources
pour te rafraîchir
des frissons de mort

poésie populaire

Il n'y a pas de meilleure nageuse que la loutre. Elle va de lac en rivière, vagabonde qu'elle est. On connaît ses glissades, qu'elles soient sur la neige ou sur la boue. Pied palmé, queue conique, elle est souple et belle à voir. On peut l'apprivoiser si on la prend très jeune. Elle adore le poisson, mais elle se régale également, dans ses excursions sur terre, de rongeurs et de petits animaux. Comme les loups, les castors, les rats musqués, etc... elle a des "boîtes à nouvelles" qui lui permettent de communiquer avec ses semblables, par le truchement de son urine et de ses excréments.

Elle s'entend bien avec le castor (et elle aime aussi l'odeur des glandes à huile de cet animal). Elle habite souvent ses cabanes abandonnées et condescent à s'amuser dans les déversoirs de ses digues.

Magnifique dans l'eau, la loutre avance sur terre par petits bonds, quand même élégants, de 18 à 20 pouces. Très forte, elle se débat beaucoup quand on l'attrape.

Selon Louis Charbonneau, les moralistes ont fait de la loutre l'emblème du démon, de l'hypocrisie et de la dissimulation parce

que, disent-ils, "elle agit dans l'ombre et s'enveloppe de silence, déploie mille ruses, mille tromperies pour ne pas se laisser deviner telle qu'elle est. Elle inspire cette même tactique aux mauvais, qui font figure de gens biens et ne sont que de dangereux contagieux pour ceux qui les fréquentent."

La loutre fait également parti du panthéon des Indiens d'Amérique. Les Ojibwas conservent leurs coquilles magiques dans une sacoche en peau de loutre, laquelle est la médiatrice entre le Grand Esprit et les hommes.

Les pièges: Victor no 3 - Conibear 330.
Les collets: diamètre, 10"; hauteur, $\frac{1}{4}$".

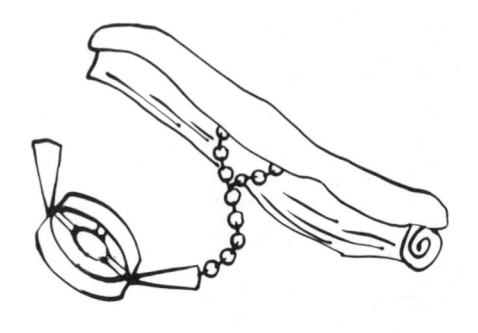

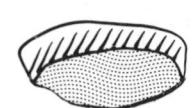

Piège facile pour la loutre en hiver

La loutre a l'habitude de se faire des trous dans la glace et de voyager de l'un à l'autre.

1) Repérez deux de ces trous avec, entre eux, le chemin de la loutre en neige tapée.

2) Placez un piège Victor entre les deux trous en prenant soin de le recouvrir de neige.

Note: la loutre se déplaçant par bonds, il arrive qu'on l'attrape par le ventre ou la queue. Pour remédier à cet inconvénient, on peut placer plusieurs pièges à environ 12 pouces de distance.

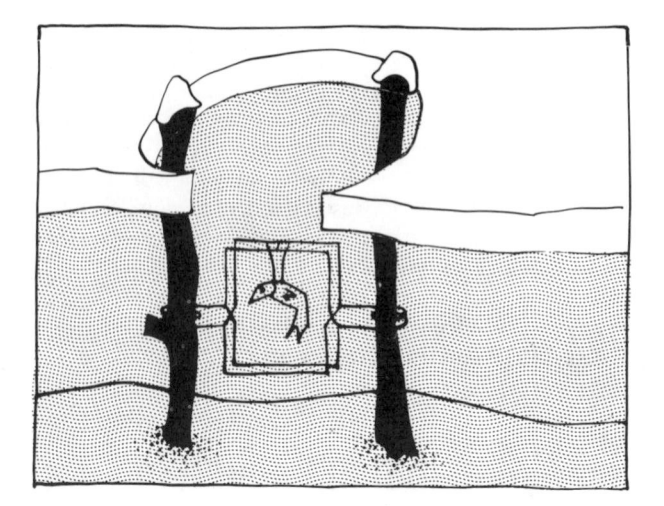

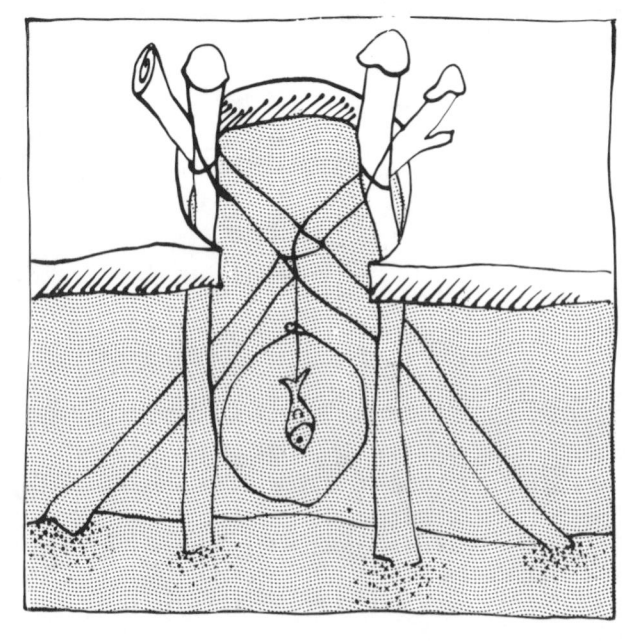

Deux trucs simples pour l'hiver

1) Creusez un trou dans la glace ou utilisez un trou de loutre.

2) Enfoncez deux gros piquets entre lesquels est fixé un Co-nibear 330. On appâte avec un poisson.

3) La même technique peut être employée avec un collet à barrure appâté avec un poisson. Mais rajoutez deux piquets en diagonales pour pouvoir fixer solidement le collet.

Le collet à la Couture et Boutin

Ce collet élégant est un classique du genre. Il s'emploie avec succès pour la loutre, mais on l'utilise également pour le chat sauvage et le vison; en fait, pour tous les animaux qui vivent près de l'eau.

1) Construire une barrière ronde juste assez large pour le collet. L'entrée est fermée assez bas pour que l'animal ait besoin de baisser la tête pour entrer.

2) Le balancier est fixé sur un tronc d'arbre et il doit être assez flexible. L'appât y est accroché, au moins à 4 pieds, pour décourager les écureuils. Le collet est fixé à l'autre bout du balancier et il passe par une crampe solidement plantée dans l'arbre. C'est cette crampe qui retiendra l'animal dans le collet quand il y sera pris.

Note: cet élégant piège a un inconvénient, l'animal a tendance à tourner un bon moment autour avant de pénétrer dans la cage.

Le vison

Les Kwakiult disent du vison qu'il fut le premier animal à procurer aux hommes le feu. Ils disent que le vison alla combattre les Fantômes pour pénétrer dans la maison de leur chef dont il déroba l'enfant. Ils disent que le chef des Fantômes supplia le vison de le lui rendre: "Oh! vison, rends-moi mon enfant". Ils disent que le vison refusa jusqu'à ce que le chef des Fantômes lui donne le feu en compensation.

Franz Boas, cité par James G. Frazer *"Mythes sur l'origine du Feu"*

Autre mustélidé, les femmes l'adorent lorsqu'il est mort et les trappeurs aussi, pour la même raison, quoique l'élevage industriel de cet animal agressif, curieux et pourtant méfiant, lui ait enlevé une partie de son revenu traditionnel.

Il ressemble à une belette géante (un mâle peut atteindre 30 pouces), il a un peu ses moeurs cruelles et son appétit est féroce. Jamais rassasié, il empile ses victimes dans sa tanière que l'on trouve au bord de l'eau, au sein des étendues boisées.

Amphibien, il préfère souvent la navigation à la marche; il est nettement plus actif l'automne. L'hiver, il se tiendra encabanné et ne sortira que poussé par la faim.

Il se goinfre de poissons, de grenouilles, d'écrevisses, d'oeufs d'oiseaux, de mulots, de souris. Son régal est pourtant le rat musqué.

Ses pistes se trouvent près de l'eau, souvent dans la boue. Toutefois un vison n'emploie sa piste que pendant deux ou trois semaines, puis en change subitement. Les troncs d'arbres creux qui émergent de l'eau, sont d'excellents endroits à piège, de même que les endroits où il a l'habitude de sortir de l'eau... et bien sûr, près d'un repaire de rat musqué, qu'il ne déteste pas visiter de temps à autre.

Suivant le lieu et la saison, on le piège avec ou sans appât. La matrice d'une femelle en chaleur, agrémentée d'huile d'anis, le tout macéré au soleil, fait merveille. Au mois d'avril, on peut se servir de leurres composés de poisson ou de chair de rat musqué, arrosé d'urine d'une femelle en chaleur.

Dans le cas du vison, il vaut mieux ne pas utiliser, ou n'utiliser qu'avec grande discrétion, des extraits de glandes à musc d'autres animaux. Le vison, qui possède lui-même des glandes proches de celles de la moufette (pour l'odeur), peut voir un danger dans l'odeur musquée d'un étranger.

Les pièges: Victor 1" ou 1 $\frac{1}{2}$"; Conibear 120.
Les collets: diamètre, 4"; hauteur, $\frac{1}{4}$" à 1".

Le tronc d'arbre au bord de l'eau

Un tronc d'arbre dont les racines pénètrent dans l'eau est un excellent endroit pour poser un piège à vison.

1) Placez le piège entre les grosses racines et reliez-le à un système de noyade classique.

2) L'appât sera placé sur le tronc à une hauteur d'environ 7 pouces.

Note: ce piège vaut aussi pour le renard, le chat sauvage et le lynx. Naturellement, on utilisera un piège différent suivant l'animal que l'on trappe.

La double barrière

On attrape bien le vison avec le système de la double barrière qui balise une piste. On double le piège et on place l'appât au centre.

Sur le banc de sable

Quand il n'a pas encore gelé, on peut attraper le vison sur un banc de sable situé au milieu d'un plan d'eau peu profond (2 pouces environ).

1) Plantez au centre du banc de sable un bâton sur lequel vous attacherez des morceaux de poissons.

2) Placez un ou deux pièges Victor autour desquels vous parsèmerez quelques morceaux de poissons. Amarrez bien les pièges et recouvrez les soigneusement.

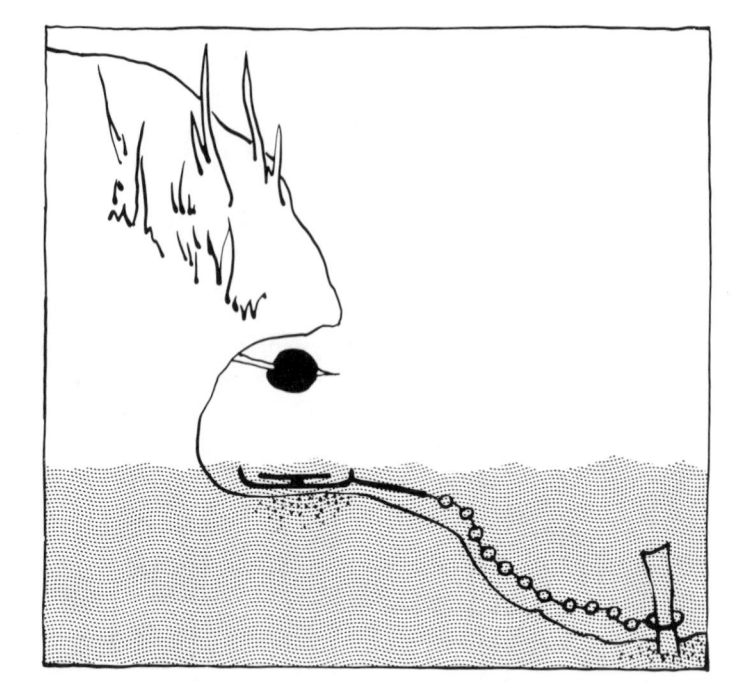

Dans un trou de rat

1) Repérez des trous de rats musqués qui se trouvent juste au-dessus de la surface de l'eau.

2) Creusez-le un peu pour que la plate-forme où sera le piège se trouve juste sous le niveau de l'eau.

3) Placez un bâton avec un coton imbibé de leurre au fond du trou.

4) Placez le piège Victor qui sera solidement attaché au fond de l'eau.

Note: cette méthode vaut pour le printemps et l'automne. En automne toutefois il vous faudra imiter le trou du rat musqué avec une truelle de trappeur.

La belette/hermine

L'hermine porte une robe blanche l'hiver.
Mais le bout de sa queue est noir afin qu'on
puisse la voir sur la neige.

Bernardin de Saint-Pierre

Les Irlandais racontent que la mère du roi Clochobar portait
le nom de Ness, *belette*. Elle était, au départ, une vierge guerrière.
Surprise au bain et menacée par le druide Cathnad, elle dut
l'épouser. Enceinte de ses oeuvres, elle retarda, autant qu'elle le
put, l'accouchement de son fils, en restant assise sur une pierre.

Vierge guerrière, telle est en effet la belette qui, bien qu'étant
le plus petit des mustélidés, est aussi le plus sanguinaire. Longue et
sinueuse, s'introduisant avec agilité dans les trous qu'elle explore,
elle sait également suivre une piste, tout comme un chien.

Intelligente, elle est aussi courageuse, et n'hésite pas à s'attaquer à des proies dix fois plus grosses qu'elle. Elle est une terreur malgré ses 10 pouces de long et son poids qui varie autour d'une livre.

Les Européens ont employé les facultés guerrières d'un autre mustélidés, le *furet,* pour en faire un chasseur. Ils l'ont dressé à leur ramener le lapin et le lièvre que l'animal allait traquer jusqu'au fond de leur terrier.

En fait, la belette a toujours eu une réputation peu enviable, bien qu'on lui reconnaisse traditionnellement, une tendresse familiale extrême qui, selon les anciens, la portait à changer constamment de place ses petits, afin que leurs ennemis ne puissent les trouver. "Souvent belette, lit-on dans les bestiaires, remue ses fils d'un lieu à l'autre pour que nul ne s'y aperçoive, et si elle les trouve morts, maintes gens disent qu'elle les fait ressusciter, mais ne savent pas par quels moyens".

On croyait qu'elle était l'ennemie acharnée des reptiles qu'elle tuait par sa seule odeur. En fait, les proies préférées de la belette, sont le lièvre, le rat musqué, la perdrix, la couleuvre aussi, qui est un serpent il est vrai. Elle s'attaque aux mulots et aux rats. On la loue d'ailleurs, pour cette action, et elle représenta souvent, un symbole de purification. Les Grecs, toutefois, sans doute à cause de son corps merveilleusement souple, en ont fait celui de la lascivité.

Il y a en fait, deux belettes; la première est la *mustella vulgaris* qui est rousse, la seconde est la *mustella herminea* (Linné) dont la robe, fauve l'été devient blanche l'hiver, à l'exclusion du bout de sa queue, qui est noir. C'est la belette que nous connaissons ici. Ses caractéristiques sont les mêmes que celles de sa consoeur plus terne, bien que la croyance populaire, sans doute séduite par sa blancheur, en ait fait un animal amphibie qui ne fréquente que les eaux très limpides, les prés et les bois fleuris.

À cause de son changement de couleur, elle était un symbole de résurrection. Au moyen-âge, elle passait pour connaître les plantes qui servent à ressusciter les morts. Sa blancheur immaculée, fait qu'on la retrouve dans la héraldique nobiliaire, par exemple sur l'écu des ducs de Bretagne où l'on peut lire la devise: *"Potius mori quam foedari...* plutôt mourir que de me souiller". En effet, la croyance populaire voulait que si une belette-hermine tombe dans une ornière, elle s'en trouve comme paralysée et meurt par horreur de la souillure.

Sa peau n'a pas grande valeur, mais il n'en a pas toujours été ainsi. On la retrouvait autrefois sur les vêtements des grands dig-

nitaires de l'Église, de l'État et de l'Université, en signe d'innocence et de pureté morale... Les temps ont changé!

On pose le piège là où elle passe ordinairement, près des ruisseaux, où gambadent souris, mulots, écureuils et lièvres, parmi les branchages et les roches.

Un bon appât pour la belette: de la chair de lapin ou d'oiseau, sur lequel on aura versé du sang conservé dans un préservatif.

Les pièges: Victor No 0 ou 1 $^1/_2$''; Conibear 110.
Les collets: diamètre, 1 $^1/_4$''; hauteur, $^1/_4$''.

Les billots

Trois bûches de bois placées en quinconce font une excellente cabane à belette. On place le piège devant.

La trappe à rat

On peut également utiliser une grosse trappe à rat que l'on cloue sur une branche à environ 6 pouces de terre. Un bon appât: une tête de poulet arrosée de leurre. Le meilleur leurre: du sang conservé avec un préservatif.

Le Conibear et le Victor

On place de la même façon les pièges Conibear ou Victor sur des branches ou sur des troncs d'arbres.

On recommande d'utiliser le piège Victor 0; je préfère quant à moi utiliser le numéro 1 ½. Le piège à belette bien appâté attire également le chat sauvage et le vison.

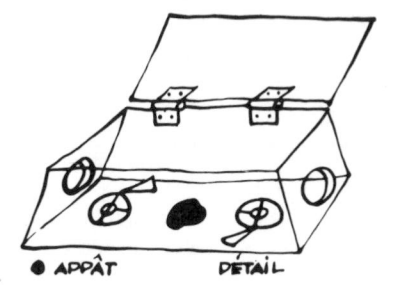

La boîte à belette

● APPÂT   DÉTAIL

La martre et le pékan

Ce charmant et précieux petit animal, que l'on rencontre dans presque toutes les parties du monde, mérite, par la beauté de sa fourrure et la constance des lois qui régissent la durée de son séjour dans nos forêts, d'être considéré comme le prototype des bêtes à fourrures. Je glisserai sur ses vertus domestiques qui n'existent pas et sur ses vices qui n'existent que trop. On peut tout lui pardonner, sa fourrure est si jolie et son instinct relativement si peu développé, qu'on ne saurait lui faire un crime de ses imperfections.

Henri de Puyjalon, *Guide du chasseur de pelleterie*

La martre

Comme le pékan, dont elle est une des nourritures favorites, la martre habite les régions montagneuses recouvertes de conifères. Mais elle vit dans les arbres, souvent en groupe, et se livre impitoyablement à la chasse aux écureuils. Elle aime le lièvre aussi, et le suit à la trace, tout comme un chien, car son odorat est très développé.

Agile, agitée même, elle a un regard vif et agressif. Comme les animaux de son espèce, elle est curieuse et c'est une exploratrice-née, de trous, de troncs creux, de tas de branchages. Mais elle déteste se mouiller les pattes!

Si elle aime le mulot, le lièvre, les oiseaux, les écureuils, elle n'est pas strictement carnivore; on la voit déguster du miel, des oeufs et une grande quantité de végétaux.

Grande voyageuse aussi, elle fait courir le trappeur. Une ligne de trappe pour la martre est fort longue et fort accidentée. L'avantage de ces difficultés est que celui qui trappe la martre (et le pékan) a de bonnes chances d'être le seul à le faire dans cette région. Mais il vaut mieux ne pas partir seul. En revanche, son peu de méfiance permet d'attirer la martre, sans trop de difficultés dans les pièges qu'on lui tend.

Un bon appât est la tête de perdrix.

On peut employer ce leurre: $1/4$ d'once de glandes de castor (tondreuses et huileuses), $1/4$ d'once d'huile de poisson, $1/2$ once de glandes de martre broyées, 5 gouttes d'huile de rhodium, 7 gouttes d'huile de cumin, $1/2$ once de glycérine. L'huile de rhodium et de cumin doivent être versées en dernier.

Comme elle préfère la plupart du temps, chasser sa nourriture, les appâts qu'on lui prépare ne nous sont pas d'une grande aide. Mais l'odeur de sa propre urine la rassure et l'on peut en arroser la trappe.

Les pièges: Victor 1 $1/2$; Conibear 120.
Les collets: diamètre, 3''; hauteur, $1/2$''.

Le pékan

Si l'on peut dire que la saxifrage, cette fleur si délicate, est le désespoir du peintre, on doit dire aussi, que le pékan est le désespoir du trappeur. C'est peut-être le plus rusé des animaux qu'on trappe.

Le poil noir (on l'appelle aussi *chat noir*), trois pieds, du nez à la queue, c'est un animal tout de muscles, proche cousin de la martre, unique par la vitesse avec laquelle il se déplace.

Il n'aime pas la présence humaine et semble nous connaître si bien qu'il sait se rendre presque invisible. D'ailleurs, il se promène la nuit, sauf lorsque le temps est à l'orage, ou que son appétit de glouton le pousse à sortir de chez lui pour chasser tout ce qu'il croit pouvoir tuer: lynx, siffleux, lièvre, souris, jeune castor, belette, martre. C'est l'un des rares animaux qui osent s'attaquer au porc-épic, en le retournant sur le dos pour lui déchiqueter le ventre. Même le loup l'évite. Enfin, il pêche admirablement bien; c'est pourquoi les Anglais le nomment *Fisher*.

On le trouve dans les forêts de conifères des régions montagneuses. Il visite marais, ruisseaux et barrages de castors. Il ne dédaigne pas une carcasse de chevreuil. Enfin, il partage le territoire avec les écureuils et les martres qui sont un régal pour lui.

Il a pourtant des faiblesses. L'une d'elles est de suivre (presque) toujours une même piste et d'explorer systématiquement, trous et fossés de calvettes. Le plus sûr moyen de prendre un pékan, est de découvrir cette piste, et de la suivre jusqu'à sa tanière, généralement située dans un rocher; on dresse le piège devant sa porte. Pendant ce temps, il peut aussi bien suivre vos propres traces et dévorer les appâts de vos autres pièges. Tel est pris qui croyait prendre!

Les pièges: Victor 2 ou 3; Conibear 220.
Les collets: diamètre, 3" ou 4"; hauteur, 3".

La martre et le pékan se trappent de la même façon. Toutefois on utilisera plus volontiers un Victor 2 pour le pékan et un Victor 1 1/2 pour la martre. Le Conibear sera le 220.

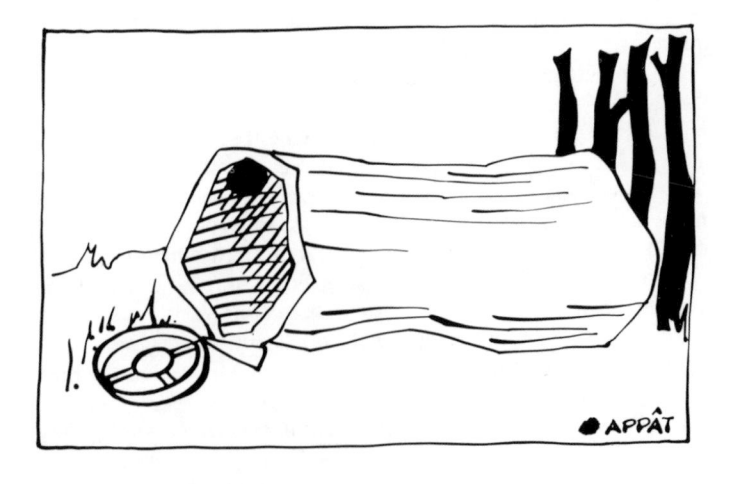

Le tronc creux

1) Repérez un tronc creux sur le territoire de l'animal.

2) Opturez-en une entrée avec une barrière de bois.

3) Placez votre piège solidement attaché à l'entrée du tronc. L'appât est placé dans le tronc au tout début.

Le tronc incliné

Cette méthode comporte un grand nombre de variantes. Voici le principe avec utilisation d'un piège Conibear.

1) Repérez un tronc d'arbre incliné ou placez en un vous-mêmes bien appuyé sur un autre arbre. L'appât sera placé à la jointure des deux troncs.

2) Plantez un autre tronc dans le sol de telle sorte qu'il croise le tronc incliné à environ 12 pouces de l'appât.

3) Fixez votre Conibear par le ressort, sur le tronc vertical, et attachez solidement la chaîne à un poids qui est à terre.

Variantes

A) Le tronc incliné est taillé en biseau et l'on place le piège Victor sur le biseau. L'appât est cloué sur l'arbre. On peut recouvrir l'affût d'un toit.

B) Le tronc d'arbre est entaillé et le piège est placé dans l'entaille.

Sur un tronc horizontal

1) Abattez un sapin et placez-le à environ 5 pieds de hauteur à partir du sol.

2) Creusez une entaille au centre du tronc pour y placer le piège Victor que l'on fixera solidement au tronc. La chaîne doit être assez courte pour que le piège en tombant n'atteigne pas le sol.

3) Placez l'appât dans le bout du tronc.

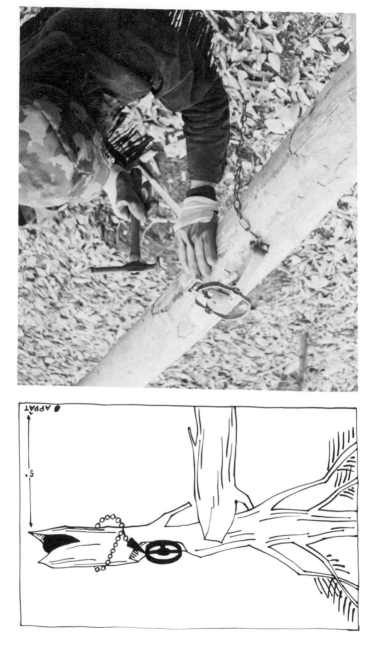

Variante

On peut également employer un piège Conibear. Sur le dessin, le sapin a été remplacé par une branche horizontale. Le Conibear est fixé par une fourche. Enfin, on a ménagé une rampe d'accès inclinée.

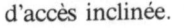

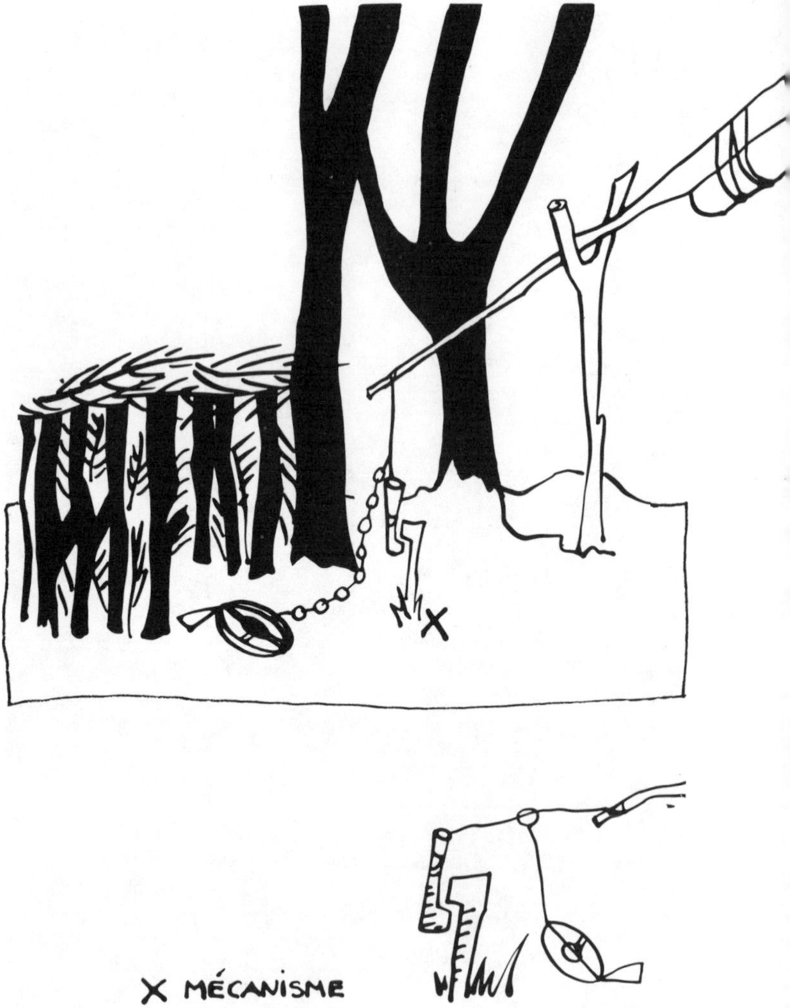

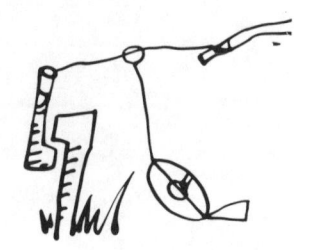

X MÉCANISME

Cabane à martre

1) Bâtir une cabane dont le toit sera formé de branches de conifères.

2) Le piège Victor est placé devant l'entrée et relié à une perche enlevante.

La moufette

Un enfant du diable

Sagard Théodat, *L'Histoire du Canada*

Qui ne connaît pas la moufette et les effets désastreux du fluide qu'elle projette. Quelques nuages et l'on reste marqué pour un bon moment. L'expérience humaine en a été faite depuis longtemps. Ce n'est pourtant qu'en 1844, que Jeffries Wyman, un Américain, découvrit les glandes périanales responsables de ce fait, en disséquant l'animal. Jusqu'alors, on en accusait son urine.

C'est un mustélidé que l'on classe dans la variété américaine des *méphitis*. Sagard Théodat la mentionne pour la première fois dans son *Histoire du Canada* en 1636. Il la désignait d'ailleurs par

des noms copiés sur ceux que lui donnait les Indiens: *ouinesque* ou *scangaresse*. Les Américains la nomme *skunk,* sans doute de l'abénaki *segankw* ou du cree *shikak.*

La moufette habite généralement un trou ou une tanière qu'a fabriqué, avant elle, un autre animal. Plusieurs moufettes peuvent partager la même demeure. On reconnaît ces tanières, par les poils blancs et noirs qui en tapissent l'entrée. On évalue l'importance de la colonie par l'abondance des excréments qui l'entourent. On la trouve partout au Québec.

LA MOUFETTE

La moufette est omnivore et ne déteste pas les mets un peu faisandés. Curieuse et assez peu méfiante, elle se laisse facilement attraper. N'importe quel appât ou leurre à 50 pieds d'une piste est un gage de succès quasi automatique.

Si la peau n'a plus grande valeur, on peut se servir de la moufette comme appât pour les renards et les coyotes qui adorent sa chair et son odeur, au point de se rouler sur tout cadavre de moufette qu'ils rencontrent.

Attention: les jeunes moufettes, si elles se laissent attraper, mordent facilement et certaines peuvent avoir la rage.

Les pièges: Victor no 1; Conibear 110.
Les collets: diamètre, 4"; hauteur, 1".

Le lièvre/lapin

J'ai vu dans la lune
trois petits lapins
qui mangeaient des prunes
en buvant du vin
tout plein...

Contine

Parmi les animaux sauvages, le lièvre n'est pas le moins célèbre quoique sa peau n'ait guère de valeur. Mais dès l'enfance, on sait qu'il a de longues oreilles et qu'il court plus vite que la tortue, quoiqu'il arrive toujours le dernier. Il est aussi, avec le lapin, un des symboles d'une sexualité exagérée et le proverbe "se reproduire comme un lapin" est entré dans nos moeurs.

Le lièvre-lapin pourtant fait partie des animaux que les peuples de tous les temps ont inscrit parmi leurs dieux. Pour les Algonquins et les Sioux, Menebuch, *le grand lapin,* est le héros

civilisateur et l'ancêtre mythique, possesseur du secret des hommes. Les Algonquins, après leur évangélisation, ont assimilé le *Grand lapin* à Jésus-Christ.

Le lièvre-lapin est *lunaire,* parce qu'il dort le jour et gambade la nuit; il sait aussi, à l'instar de la lune, apparaître et disparaître avec le silence des ombres. C'est l'un des animaux de l'imagination et du rêve, l'un de ceux qu'Alice rencontra au Pays des merveilles.

Les chinois voient en lui, le préparateur de la drogue d'immortalité; ils le représentent au travail, sous l'ombre d'un figuier, image que les alchimistes européens du moyen-âge ont reprise, mais en plaçant le lièvre-lapin (qu'ils assimilent à leur volatil), sous un chêne. Les forgerons chinois utilisent son fiel pour tremper les épées, car il est censé communiquer force et éternité à l'acier.

La constellation du Lièvre, selon Marcus Manilus, se situe au septième degré après celle des Gémeaux. "Ceux qui naissent sous cette constellation ont reçu de la nature des ailes et le don de voler, tant est grande l'agilité de leurs membres, égale à celle des vents. Ils jouent bien à la balle et sautent continuellement. Ces sortes de gens veillent en dormant, autant que le lièvre, dit-on, dort les yeux ouverts. Ils sont aussi habiles à écarter tout sujet d'inquiétude; dans un paisible loisir, leur seul tracas est de varier leurs amusements."

Comme l'habitude de ce rongeur est de se tracer des chemins d'hiver et de les utiliser tant qu'il s'y croit en sécurité, il n'est guère difficile d'y poser des collets et de l'y prendre.

Outre le civet, connu de tous les gastronomes, le trappeur a trouvé de nombreux usages pour le lièvre. Il est, avec le rat musqué, une excellente source d'appât.

Son sang sert à tracer des pistes pour attirer ses prédateurs vers un piège. On l'ouvre et on le traîne tout simplement sur la neige, car le lièvre contient du sang en abondance. Le renard et la belette se laissent bien attraper par cette piste rutilante.

La belette sera également attirée par du sang de lièvre que l'on conserve avec son foie, dans un préservatif. On place ce leurre près du piège.

Une peau de lièvre dont on enduit la tête avec un leurre, attirera les coyotes et les lynx.

De même, le coeur et la cervelle du lièvre, mis à "mûrir" dans un bocal fermé et abandonné quelques semaines au soleil, attirera le coyote si on y ajoute, avant de la placer près du piège, une solution de glandes huileuses de castor.

Pour le vison, on emploie le mélange décrit ci-haut auquel s'ajoute quelques gouttes d'huile de poisson ou de musc commercial.

Hélas, si le trappeur aime le lièvre, il est loin d'être le seul. Il se peut bien qu'un lynx visite, les collets avant lui. Qu'à cela ne tienne, on peut doubler le piège, et installer devant le collet à lièvre, un piège à lynx... À moins que l'on préfère lever ses collets tôt le matin.

Les pièges: Conibear 110.
Les collets: diamètre, $3^1/_8$''; hauteur, $1^1/_2$''.

La méthode la plus simple
1) Rétrécir la piste avec du bois mort.
2) Plantez un bâton de biais auquel sera attaché le collet. Ce bâton aura 17 pouces de long pour 1 pouce $^1/_2$ de diamètre.

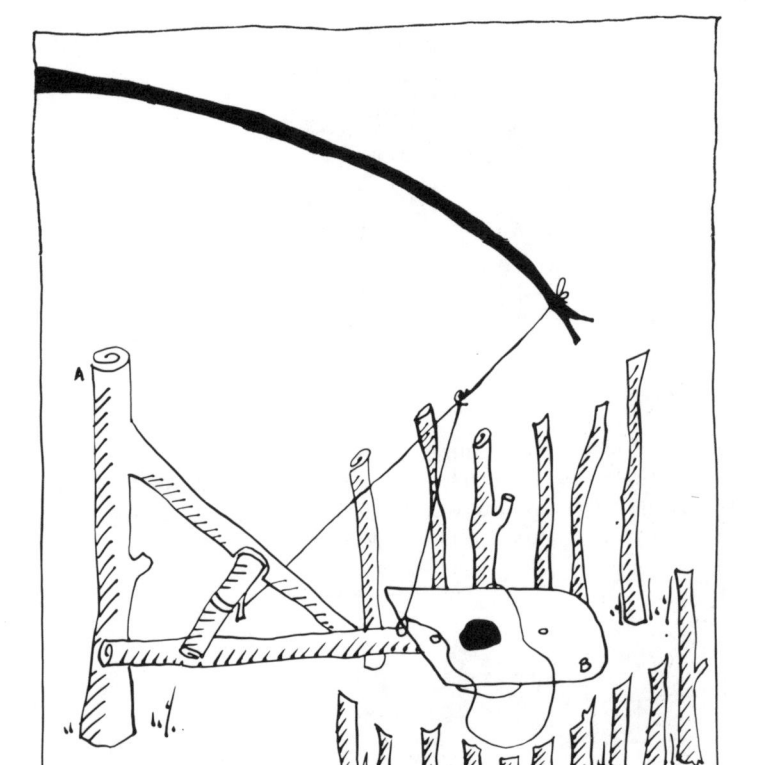

Pour un "coton tail"

1) Fabriquer une fourche (A) qui sera enfoncée dans le sol.

2) Y fixer avec un clou un montant horizontal dont l'extrémité est formée d'une palette découpée dans une boîte de conserve (B).

3) Le déclencheur est un morceau de bois calé dans deux encoches, 1) Sur le montant horizontal, 2) Sur la barre en biais de la fourche.

3) Entourer le piège d'une barrière de bois et placer l'appât sur la palette de métal.

4) Le collet est relié par le déclencheur à une perche enlevante. On le pose à plat sur la palette de métal.

Note: pour accéder à l'appât, le lièvre posera ses pattes sur la palette et déclenchera la perche enlevante.

● APPÂT

Un autre piège simple

On forme un cercle avec des bâtons mais on y ménage plusieurs ouvertures où sont installés des collets. Au centre du cercle, on place un appât à l'huile de tremble.

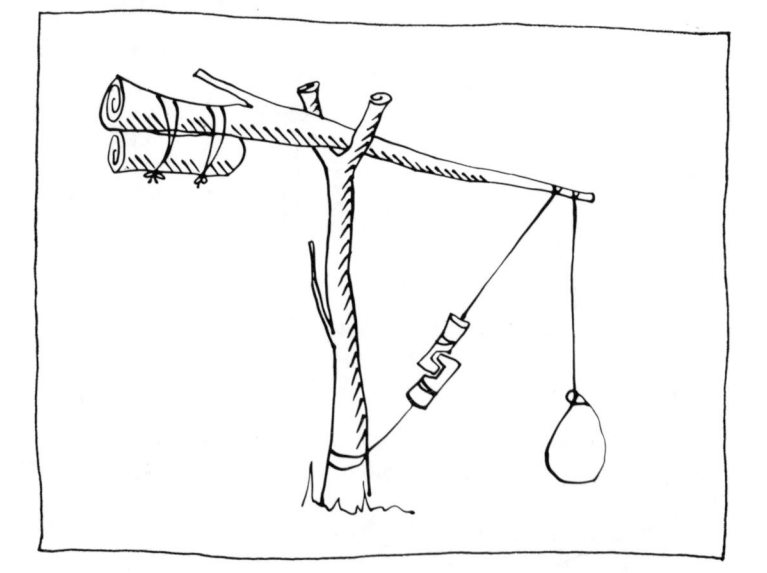

La perche enlevante

Comme tous les pièges de cet ordre, l'animal pris est soulevé dans les airs, à l'abri des voleurs!...

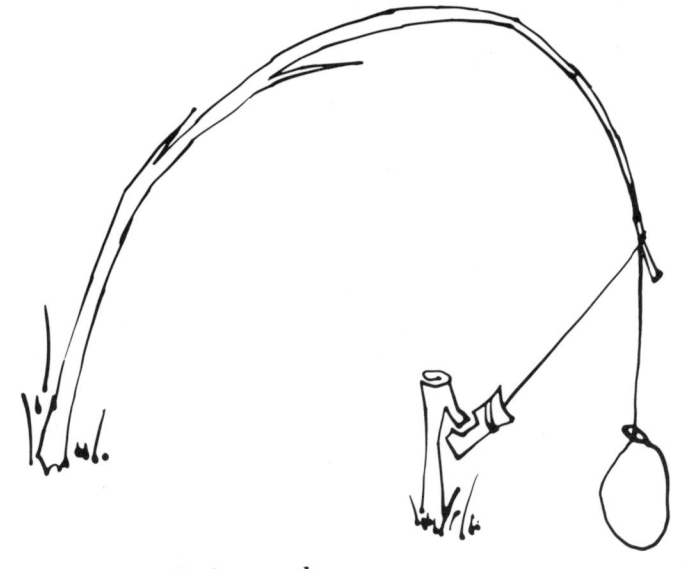

Le tronc d'arbre souple

Variante du collet précédent. Le balancier est remplacé par un tronc d'arbre souple.

L'arbre à clou

Autre variante. Le collet est relié à la perche enlevante par un clou étêté dans lequel on passe un anneau de laiton qui tient au collet.

Le collet est attaché de l'autre côté de la piste par un fil de laine.

Le castor

For the love of beaver...

Juron favori de Colin Robertson qui conduisit les troupes de la Hudson Bay contre ses concurrents de la North West Company.

Certainement l'un des plus intelligents mammifères qui soit, et le seul véritable architecte de son règne, le castor émerveille encore le zoologiste qui remarque, en particulier, la ressemblance qui existe entre la façon dont l'animal se sert de ses pattes antérieures, terminées de véritables "mains", et celles que l'homme utilise.

Ses barrages sont célèbres. Tout admirables qu'ils soient, ils font souvent le désespoir du propriétaire du terrain sur lequel ils sont érigés car, ce faisant, le castor modifie l'écologie du lieu, inonde là où il ne le faudrait pas (en termes d'homme), ou assèche au contraire, provoquant pertes de forêts, voire de cultures.

LE CASTOR

Cet animal exceptionnel ne pouvait échapper au bon La Fontaine qui en a fait une fable trop peu connue et qui mérite pourtant attention. On comprend mieux, après sa lecture, pourquoi le Canada a choisi le castor comme emblème, autant dire comme modèle. Il va sans dire que "le monde non loin du nord" est le Québec au temps de la domination française.

> *Non loin du nord il est un monde*
> *Où l'on sait que les habitants*
> *Vivent ainsi qu'aux premiers temps*
> *Dans une ignorance profonde:*
> *Je parle des humains; car quant aux animaux,*
> *Ils y construisent des travaux*
> *Qui des torrents grossis arrêtent les ravages,*
> *Et font communiquer l'un et l'autre rivage.*
> *L'édifice résiste et dure en son entier;*
> *Après un lit de bois est un lit de mortier.*
> *Chaque castor agit; commune en est la tâche;*
> *Maints maîtres d'oeuvres y court, et tient haut le bâton.*
> *La République de Platon*
> *Ne serait rien que l'apprentie*
> *De cette famille amphibie.*
> *Ils savent en hiver élever leurs maisons,*
> *Passent les étangs sur des ponts,*
> *Fruit de leur art, savant ouvrage;*
> *Et nos pareils ont beau le voir,*
> *Jusqu'à présent tout leur savoir*
> *Est de passer l'onde à la nage.*

Si l'éthymologie du mot français *castor* vient directement du grec, le mot anglais *beaver* semble venir du sanscrit *Bahru*, gros ichneumon, sur lequel l'histoire raconte bien des fables. Ainsi, Hérode nous affirme que les Égyptiens le tenaient pour sacré et qu'ils l'enfermaient dans des caisses spéciales, après l'avoir embaumé. Appelé alors *rat du pharaon*, l'animal, très friand, selon l'auteur, d'oeufs de crocodile, parcourait pour les découvrir, les bords du Nil sans relâche. Il les dévorait sur place, maintenant ainsi la population des monstres amphibiens à un degré raisonnable.

En fait, l'ichneumon moderne est la *Herpestes ichneumon*, mieux connue sous le nom de mangouste, que Kipling décrivit avec le talent que l'on sait dans ses batailles avec le méchant serpent.

Le castor du Canada ne mange ni serpent ni crocodile (à moins qu'il ne les ait tous mangés autrefois) mais se nourrit de végétaux et il adore les jeunes pousses d'arbres.

Malgré ses cinquante livres, le castor est un animal timide et méfiant, surtout les plus vieux. Il vit surtout la nuit, sauf en cas d'urgence, durant l'automne par exemple, lorsqu'il a à consolider un barrage ou une cabane où passer l'hiver.

Il vit naturellement le long des plans d'eau et dans l'eau même. Les plus vieux quittent aisément leur barrage. Les jeunes sont moins enclins à voyager.

Le castor, mâle ou femelle, possède une double série de glandes fort utiles. Elles sécrètent le castoreum, extrait huileux, qui au moyen-âge, était considéré comme une médecine universelle. On s'en est servi très longtemps comme antispasmodique et contre les maux d'oreille en conjonction avec la girofle. Des vieux trappeurs en font encore une tisane, dont ils se servent pour se "remettre sur le piton".

On s'en sert surtout aujourd'hui pour la composition des leurres, car un grand nombre d'animaux sauvages sont attirés par l'odeur qu'elles dégagent. On les prélève soigneusement; on en fait fondre la substance jaune dans de la paraffine dans une proportion de 1 pour 10 de cette dernière. On garde l'extrait en bouteille.

La chair du castor faisandée, est un appât excellent pour le loup, le lynx, le coyote, le renard, la moufette et le rat musqué.

Cette chair est également comestible pour l'homme. Avant de la faire rôtir, on repose le castor bien dégraissé dans une saumure faible ou dans un bon vin rouge épicé. Détail intéressant: à cause de sa queue écaillée, qui pouvait laisser croire qu'il était un poisson, l'Église catholique autorisait qu'on mange du castor pendant les jours maigres.

Mais c'est naturellement la peau du castor qui en fait toute sa valeur; elle est excellente et très en demande sur la plupart des marchés.

La fourrure du castor (avec celle du renard argenté), fut d'ailleurs le prétexte d'une véritable guerre, au début des années 1800, entre les loyaux trappeur de la compagnie de la Baie d'Hudson, et ceux de la North West Company qui exploitaient l'Arthabasca, tout au long de la rivière McKenzie, région où l'on trouvait les plus beaux castors. On tuait alors des hommes pour un paquet de fourrures. Mais la bataille n'était pas sans pittoresque, grâce à ceux qui la menaient, hommes durs et arrogants, âpres au gain, mais attachants par la vitalité qu'ils dégageaient.

Les *Northmen* (ceux de la North West Company), étaient souvent français et célèbres pour leur vantardise. Tout animal qu'ils voyaient était un géant; l'on disait qu'un trappeur de l'Arthabasca ne voyait jamais de petits loups... Leur traîneaux, tirés par quatre huskies, étaient décorés de clochettes et de queues de renards. Colin Robertson, le meneur du côté de la *Hudson Bay Company,* ne partait jamais en voyage sans son madère, un volume des oeuvres de Shakespeare, et un code secret. John Clark, son second, que tout le monde appelait *bon garçon,* ne voyageait jamais sans ses deux femmes, l'une était une métisse noire comme l'enfer qui se nommait Saphira, l'autre était une jeune suissesse blonde de 17 ans qui vécut jusqu'à 104 ans.

La bataille se termina par une victoire totale de la Hudson Bay, victoire économique, car mise en faillite par le coût de ses longues lignes de communication, la North Western Company dut se vendre à son ancien rival en 1821.

On prend le castor sur terre, le long des berges, sur ses pistes ou dans l'eau.

Les pièges: Victor 4 - Conibear 330.
Les collets: diamètre, 10"; hauteur, $^1/_4$".

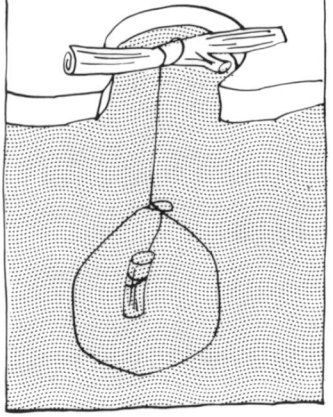 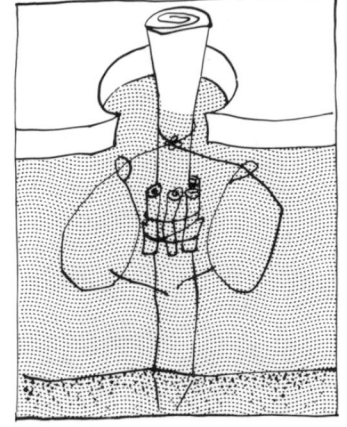

Un collet tout simple pour l'hiver
On attache un collet à barrure au-dessus d'un trou de glace, et l'on y suspend un petit morceau de tremble frais, par la barrure.

Un autre collet tout simple
On enfonce un gros piquet dans l'eau, autour duquel on aura fixé deux ou plusieurs collets. L'appât est attaché au tronc.

Piège pour sortie de castor

1) Repérez une sortie de castor sur une berge un peu abrupte..

2) Placez un piège Conibear 330 (ou un Victor 4), dans l'eau. Le piège doit être bien stable, non pas en pente. Vous pouvez faire une petite plate-forme avant de le poser. Le piège doit être posé dans le sens de la longueur, parallèle à la piste.

3) On attache le piège par la chaîne, à une grosse pierre (15-20 livres).

4) Le système de noyade consiste en un piquet solidement enfoncé dans le sol, un fil de fer qui y est attaché, une grosse pierre (30 livres) au bout de ce fil.

5) La chaîne du piège passe dans ce fil de fer.

6) Le piège est recouvert judicieusement de boue ou autre matériel disponible.

7) Le leurre est constitué d'un petit piquet de bois sur lequel on a fixé un morceau de coton imbibé d'extraits de glandes de castor, à moins que ce ne soit de l'huile de bourgeons de tremble, de l'huile de bouleau noir ou de l'huile de menthe.

Nageant vers son travail, le castor sentira le leurre et ira en reconnaissance en passant sur le piège, où il se fera prendre.

Collet pour une piste

On construit ce collet sur une piste, près d'une sortie de castor. On peut le monter durant le jour, puisque le castor sort la nuit.

1) Élaborez une barrière d'environ 10 pieds de longueur au travers de la piste. Laissez au centre, une ouverture de 11 pouces.

2) Le collet est monté à environ 4 pouces de la barrière, du côté de l'eau. Il est fixé sur deux piquets verticaux, par des fils noirs avant qu'il puisse conserver sa forme ronde.

3) On bâtit le mécanisme de déclenchement de l'autre côté de la barrière, à environ 3 pouces, ce qui le place à environ 7 pouces du collet.

4) Le collet est relié au balancier qui est lui-même relié au mécanisme de déclenchement.

Le castor passera la tête dans le collet pour accéder à l'appât qui est posé à 3 pouces environ du mécanisme de déclenchement. Pour ce faire, il posera vraisemblablement une patte sur le déclencheur, et il s'envolera dans les airs, hors de portée des prédateurs.

Le mécanisme de déclenchement

1) Un bâton fourchu dans l'une des extrémités est effilé pour pouvoir être enfoncé aisément dans le sol.

2) Le bâton déclencheur est placé horizontalement à un pouce du sol.

3) Bâton de retenue s'accroche au bas de la fourche.

4) Balancier avec sa charge au bout.

5) Grosse fourche pour retenir le balancier.

Le Conibear sous la neige

1) Creusez un trou dans un étang à castor (habité si possible), y planter un gros bâton que l'on enfonce solidement dans le sol, tout en le maintenant en place sur la glace avec une cheville.

2) Le piège Conibear 330 est posé perpendiculairement au bâton et fixé par le double ressort et la chaîne.

3) La chaîne est attachée solidement à un clou.

4) L'appât est fixé sur le déclencheur. C'est la meilleure façon de le poser, car le castor pose ses pattes postérieures sur ce qu'il mange, pour le grignoter plus à l'aise. L'appât est constitué de tremble fraîchement coupé.

Une variante avec un piège Victor 4.

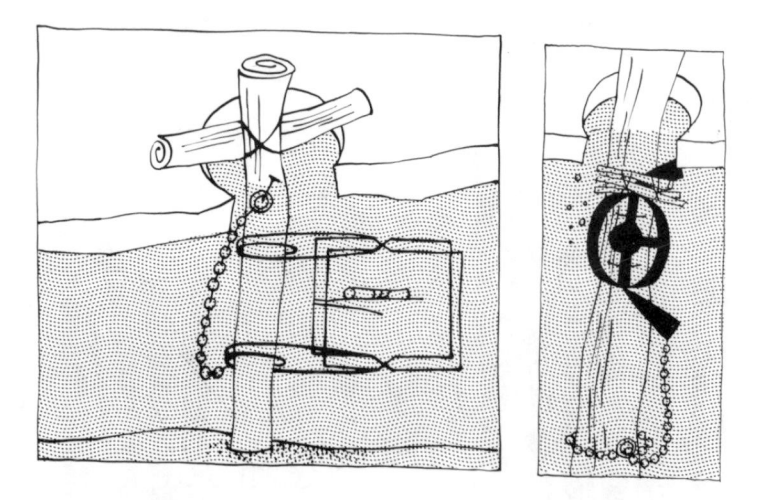

La cabane à castor

Excellent piège pour l'hiver, sinon le meilleur.

1) Découpez la glace rectangulairement, environ 15 pouces par 20, à proximité d'une cabane à castor. Idéalement, l'eau devrait avoir une profondeur de 12 pouces.

2) À l'aide de bâtons de 2 pouces de diamètre, on construit une cage ouverte d'un seul côté. Les bâtons seront espacés de 3 pouces environ.

3) L'appât, du tremble frais, est placé à l'arrière de cette cache.

4) On place, à l'entrée, un piège Victor ou un Conibear, bien attaché par ses chaînes à un solide piquet.

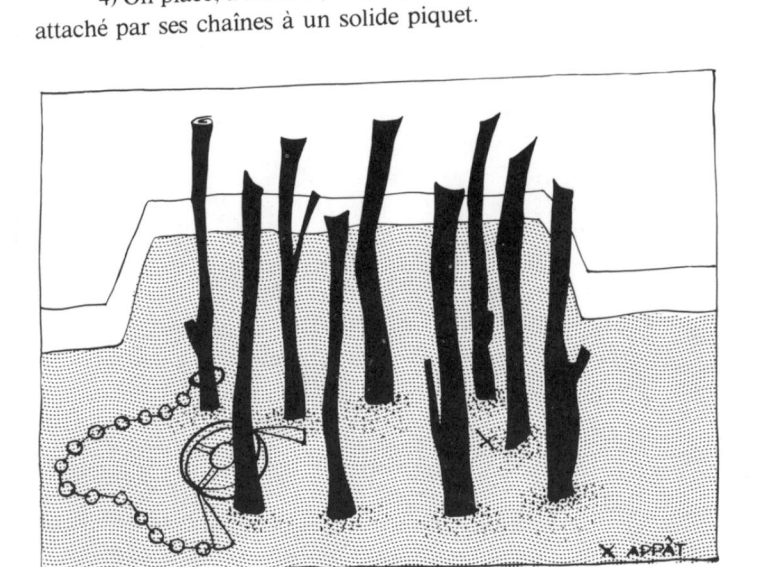

Le rat musqué

Les doryphores et les rats musqués furent importés en Europe d'Amérique du nord. Ils s'y répandirent et s'y multiplièrent avec une rapidité déconcertante.

Jean Dorst, dans *Les animaux migrateurs*

Originaire d'Amérique du nord, le rat musqué a été un grand voyageur... malgré lui. L'intérêt économique de sa fourrure incita les Européens à l'importer. Un des premiers essais l'amena en Tchécoslovaquie en 1905, puis en France en 1930. Échappant à la captivité qui lui était réservée, le rat musqué se répandit avec une rapidité déconcertante. De Bohême, il gagna toute l'Allemagne par la voie des bassins fluviaux. Il investit tout le nord de la France, la Finlande et s'installa même en URSS, à la grande déception des habitants, car le rat musqué mine les digues et les berges des étangs.

LE RAT MUSQUÉ

Les Indiens d'Amérique ont naturellement placé cet animal délicieux dans leur mythologie. Les Dénés Peau-de-lièvre et les Dunés Flancs-de-chiens lui font tenir à peu près le même rôle que celui de la colombe lors du déluge; c'est lui qui partait en reconnaissance pour voir si la terre ferme réapparaîssait enfin. Il partage parfois ce rôle avec le castor. Il est l'une des victimes des Efwa-ébé (le jeune homme des anciens temps), sorte de jeune dieu et mystificateur des Dénés Peau-de-lièvre. "En ces temps-là, dit la légende, *Efwa-ébé* faisait souffrir les hommes qui étaient alors des animaux. Il appelait tous les animaux: mes soeurs; et il en usait comme on use des femmes". Le jeune homme des anciens temps rend le rat musqué (et aussi le castor), aveugle en recouvrant l'eau où il vivait, de graisse. Il est vrai que c'est aussi lui qui donne au renard noir sa longue queue, en tirant dessus autant qu'il le pouvait, et sa face écrasée au lynx, en le précipitant de toutes ses forces sur un arbre.

Rongeur impénitent, amphibien, le rat musqué aurait des allures de castor pour les moeurs. Mais il ne lui ressemble pas du tout physiquement. Sa queue est longue et complètement dépourvue de fourrure. Il a les pattes de devant plus petites que celles de derrière, et il s'asseoit un peu comme un kangourou. Sa fourrure va du brun pâle au brun foncé. Son poids moyen est de 2 à 3 livres, quoiqu'on en trouve, rarement, qui pèsent jusqu'à 4 livres.

Nageur et marcheur surtout nocturne, il vit près de l'eau. Sa demeure est un trou, s'il habite près d'un ruisseau; c'est une cabane, s'il oeuvre dans un marais à eau constante. Cette cabane a des similitudes avec la hutte du castor, quoiqu'elle soit plus petite et moins bien construite.

Sa nourriture consiste en végétaux, fruits et légumes; le rat musqué adore les carottes. Il fait varier ses menus avec de petits poissons, des écrevisses et des insectes.

C'est aussi un navigateur paresseux; il aime à interrompre sa nage pour s'installer sur un objet flottant. S'il n'en trouve pas, il peut en construire un lui-même, sur lequel il s'installera pour manger en paix ou rêver à la lune.

Il est très propre (il n'est pas rare de voir un rat musqué en train de faire une toilette forcenée). Il est aussi curieux et met volontiers son nez pointu dans des trous.

À la fin de mars, qui est la saison des amours, les glandes à musc de l'animal mâle, commencent à grossir. Ce sont deux petites boules ovales placées légèrement devant les pattes arrières. Séchées, on les emploie dans la fabrication des parfums. Durant sa vie, le rat musqué les emploie pour signaler sa présence de mâle pubère aux femelles. Il en dépose les sécrétions un peu partout, de telle sorte que la femelle peut le suivre à la trace et le retrouver quand il le faut. Les portées arrivent au bout d'un mois et comprennent trois ou quatre petits rats musqués de 2 pouces de long.

Le rat musqué, à cause de sa curiosité peut-être, n'est pas un animal trop difficile à capturer.

Il n'est pas nécessaire de recouvrir le piège, à condition qu'il n'y ait pas aux environs, d'autres animaux capables de s'y prendre.

Les appâts: fruits et légumes.

Les leurres: extrait de musc de rat musqué, huile de carottes et huile d'anis. On peut aussi essayer cette recette: 1 once de musc de rat musqué, $1/4$ d'once de rhodium et $1/2$ once de fenouil.

Enfin, il faut noter que le vison et le renard adorent manger du rat musqué. Son odeur sert donc pour piéger ces deux animaux.

Les pièges: Victor no 1; Conibear 110
Les collets: diamètre, 2''; hauteur, $1/4$''.

Collet pour eau peu profonde.
1) Repérez un trou dans une eau peu profonde.
2) Placez un collet dans le fond, retenu par une grosse roche.
3) Balisez, si nécessaire, les endroits où le rat pourrait se glisser, en échappant au collet, avec des bâtons ou des pierres.

Piège pour eau profonde.

1) Goupillez dans un tronc d'arbre (solide), une petite fourche de bois qui servira à poser le piège.

2) Attachez-y solidement la chaîne du piège.

3) Enfoncez le tout dans l'eau, de telle sorte que le tronc soit solidement enfoncé.

4) Placez le piège (ici un Victor) sur la fourche.

Le rat musqué piégé ne pourra pas remonter à la surface si la chaîne n'est pas trop longue, et se noiera.

X LEURRES

Piège sur un tronc qui flotte

Excellente méthode, car le rat musqué aime bien se percher sur des objets flottants.

1) Ancrez le tronc flottant solidement, à l'aide de poids ou de pierres.

2) Fixez dessus le piège (ici un Conibear) avec 3 clous. Le ressort et la chaîne passent par un pieu solide que l'on enfonce dans le fond.

3) Placez un leurre de chaque côté du piège, à une distance de 8 pouces environ.

Note: si l'on emploie un Victor, on le recouvre de boue et de feuilles séchées.

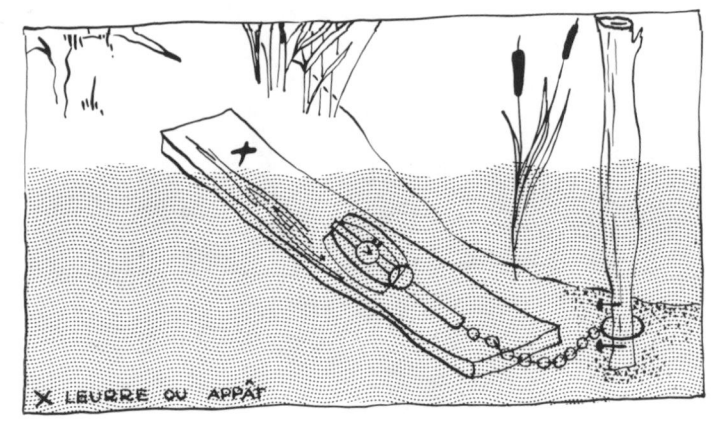

Une trappe

Voici une trappe simple pour le rat musqué: La pièce de bois qui sert de charge, aura 8 pieds de long environ. Le système de déclenchement est un "4" dont on trouvera le détail de fonctionnement dans les généralités au début du livre.

L'appât, ici une pomme, est fixé dans le déclencheur.

X LEURRE OU APPÂT

Piège sur un passage

1) Repérez un endroit où le rat musqué a l'habitude de sortir ou d'entrer dans l'eau.

2) Y installer une planche qui sera à moitié immergée.

3) Placez un Victor sur la planche, lequel sera solidement fixé à un piquet planté dans l'eau.

4) Il est à conseiller d'y placer un leurre.

Collet dans un trou de glace
1) Creusez un trou dans la glace.
2) Introduisez-y un collet à barrure bien attaché à un bâton.

Le raton laveur

Deux soeurs latines, trois dimensions, douze apôtres, mille et une nuits, trente-deux positions, six parties du monde, cinq points cardinaux, dix ans de bons et loyaux services, sept péchés capitaux, deux doigts de la main, dix gouttes avant chaque repas, trente jours de prison dont quinze de cellule, cinq minutes d'entracte
et...
plusieurs ratons laveurs.

Jacques Prévert, *Inventaire*

Le chat sauvage, originaire de la forêt, mais qui vit souvent aux abords des fermes, n'est autre que le raton laveur. Plantigrade de la famille des ours, il peut peser jusqu'à trente livres et mesurer plus de deux pieds de longueur. Il est trapu, a les oreilles pointues et une face amusante d'un blanc jaunâtre, rayé de noir.

D'où vient son nom de chat, auquel il ne ressemble guère ni d'apparence ni pour l'histoire, puisque Linné le baptisa *Ursus lotor?* Sans doute du fait que le mot "raton" est une déformation de

racoon (de l'algonquin *arathcon*) et que, pour la langue française du dix-septième siècle, un *raton* n'est pas un gros rat, mais l'animal qui les attrape, le chat.

On le connaît comme habitant des Amériques, du moins depuis 1670; S. Clarke le cite dans ses *Four Plantations in America:* "Quill-darting porcupines and rackoones be castled in the hollow of an aged tree".

Il est très habile de ses pattes de devant, dont il se sert comme de mains pour laver et relaver tout ce qu'il mange, d'où le nom qu'il porte. Ses façons, son cri qui est plutôt un petit gazouillement, sa tête espiègle, font de lui un animal sympathique. De fait, il est particulièrement intelligent et des expériences en laboratoire ont montré qu'il se place très souvent au-dessus du chien, du chat, très près de certains grands singes.

Est-ce à cause de cette intelligence remarquable que les Indiens des Plaines (Cheyennes, Crows et Sioux) l'adoptèrent dans leurs légendes? Ils lui donnèrent un rôle de premier plan, celui d'éveilleur de la conscience supérieure. Il est celui qui "ouvre les yeux" aux aveugles en les précipitant dans la *Medecine River*. Il représente également l'expérience de la vie supérieure; en effet, l'homme doit "laver" ses actions, les rendre plus propres, comme le raton laveur lave sa nourriture.

Au printemps, il a plutôt une nourriture carnée; il chasse alors les lièvres, les oiseaux, les écureuils. L'été, il préfère les végétaux qu'il entrecoupe de grenouilles et d'écrevisses. En automne, il dévore une quantité importante de glands et d'insectes. D'ailleurs, son appétit est légendaire.

Excellents nageurs, les ratons laveurs affectionnent les cours d'eau qu'ils prospectent en quête de poissons. Nocturnes, on ne les aperçoit que rarement durant le jour, soit perchés sur une branche d'arbre, soit se chauffant au soleil.

La saison des amours a lieu généralement en janvier ou en février. Les mâles se montrent alors agressifs et se battent entre eux lors de visites qu'ils effectuent dans les repaires de leurs congénères.

On recherchera les pistes de ratons laveurs au bord des lacs, des ruisseaux et des rivières. On vérifiera les arbres creux que les ratons laveurs visitent pour y découvrir des larves. Ces troncs, souvent porteurs de coups de griffes évidents, peuvent être le point de départ d'une piste qui va vers l'eau. Les arbres à demi submergés et qui portent des excréments sont également de bons signes. Et l'on n'oubliera pas les champs de blé d'inde, terrains de jeux idéaux et pique-niques parfaits pour ces gros gourmands.

Endroits pour poser les pièges: entrée d'un tronc d'arbre creux, entrée d'une calvette, petits bancs de sable et de gravier, le long des rivières et ruisseaux, dans lesquels on creusera de petites mares de 25 à 30 pouces de diamètre et d'une profondeur de trois pouces, pour y placer un piège recouvert ensuite de boue, troncs d'arbre partiellement submergés qui enjambent les ruisseaux.

Les bons appâts sont de la perdrix, du rat musqué, du poisson, du poulet, du blé d'inde, des fruits ou du miel.

Voici quelques formules possibles de "bonnes odeurs" qui les attireront:

1) 4 onces d'huile de poisson, 1 once d'extrait de musc de rat musqué, $1/2$ once d'extrait de glandes graisseuses du castor, 5 gouttes d'huile d'anis.

2) Coupez les organes sexuels d'une femelle et celles d'un mâle de rat musqué; conservez dans l'alcool; ajoutez quelques gouttes d'extrait de musc de rat musqué avant l'emploi.

3) 4 onces d'huile de poisson, $1/2$ once de glandes huileuses de castor, 3 glandes de rat musqué, 5 gouttes d'essence de miel. Il faut laisser ces ingrédients moisir dans un pot fermé et exposé au soleil.

Outre sa peau qui est en ce moment très recherchée sur le marché canadien, le raton laveur donne une chair excellente à manger. Après l'avoir vidé et épiauté, on lui coupe les pattes, on enlève le plus de gras possible et on le lave à grandes eaux. Attention: il est très important d'enlever soigneusement la graisse jaune qui se trouve près des pattes et sur le dos. Avant de procéder à la cuisson, on le laisse mariner quelques heures dans de l'eau salée. On le fait cuire comme du porc, qu'il rappelle par son goût. On peut également hacher la viande et la faire en boulette pour servir avec des spaghettis.

Les pièges: Victor no 2 - Conibear 220.
Les collets: diamètre, 4"; hauteur, $1/4$".

Cabane et piège

Une autre excellente façon d'attraper le chat sauvage, c'est par le système de la cabane près d'un plan d'eau (étang ou rivière).

1) Construire une cabane avec toit (25 pouces de longueur, 10 pouces de largeur et 12 pouces de haut.)

2) Placez un piège Victor 2 à l'entrée, solidement attaché à un mécanisme de noyade. Recouvrez-le.

3) L'appât est dans le fond.

Note: on peut bien fixer le piège à un gros piquet, mais le mécanisme de noyade est le plus humain et le plus sûr.

Cabane et collet

Le raton laveur se prend bien dans une cabane à l'entrée de laquelle on met un collet à barrure. La cabane peut être de pierre ou de troncs d'arbre. Elle devrait mesurer environ 12 pouces de haut par 10 pouces de large, sur une profondeur de 25 pouces.

1) Si l'on pose le collet à l'entrée de la cabane, on construira un cadre de rondins sur lequel sera fixé le collet.

2) Une perche enlevante à balancier servira à soulever l'animal une fois pris.

3) Dans ce cas, l'appât est placé au fond de la cabane.

Note: n'oubliez pas d'arroser les environs avec un peu d'urine, si possible. On peut accentuer l'attrait de l'appât avec un peu de leurre.

Note 2: on peut remplacer le collet par un Conibear 220. Mais il faut alors le fixer solidement à une perche.

Tronc d'arbre sous l'eau

1) Repérez un tronc d'arbre partiellement submergé.

2) Y pratiquer une encoche assez large pour y recevoir un piège Victor 2, à environ 4 pouces sous l'eau, pas plus.

3) Y placer le piège dont la chaîne sera solidement retenue au tronc.

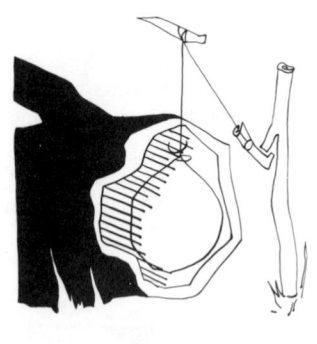

Le tronc d'arbre creux

C'est le moyen le plus simple.

1) Placez un collet à l'entrée d'un tronc creux dans lequel on aura mis un appât.

2) Pour éviter les prédateurs, le rattacher à une perche enlevante, par exemple une branche d'arbre très souple et forte. Il faut qu'elle agisse à la manière d'un balancier.

Le raton laveur sur une branche

Le raton laveur grimpe sur les branches. On peut donc y placer un Conibear 220.

Les embouchures

En suivant les cours d'eau, les ratons laveurs sont parfois obligés de traverser un petit ruisseau secondaire pour pouvoir continuer leur route. Ce ruisseau ne doit pas avoir plus de 2 pieds de largeur.

1) On place un leurre de chaque côté du petit ruisseau.

2) On fixe dans son lit, un piège Victor que l'on recouvre de boue.

Note: ce truc vaut aussi pour le vison.

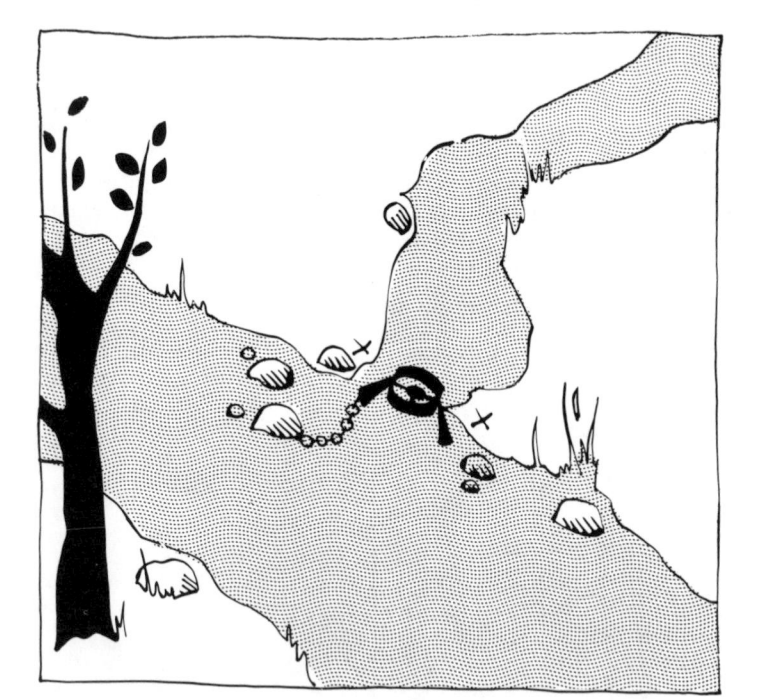

Les ponts à chat sauvage

Les chats sauvages traversent les petits cours d'eau sur les troncs qui les enjambent.

1) Repérez un "pont" et pratiquez à son centre, une encoche en forme de plate-forme.

2) Y poser un piège Victor que l'on recouvre de feuilles, de boue et de poussière d'écorce.

3) L'attacher solidement au tronc.

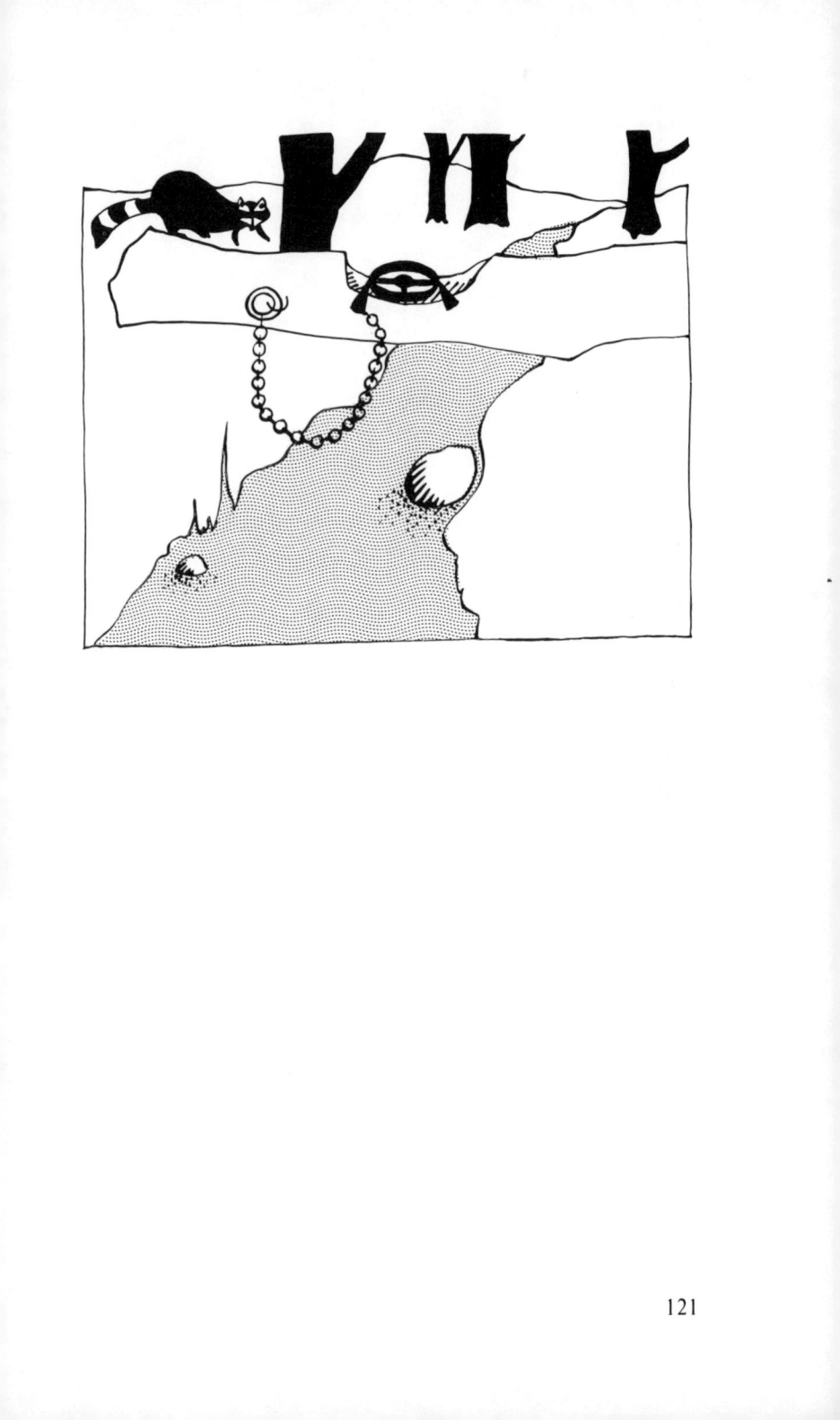

121

L'ours

De l'autre côté de la loge, là où se tient la nuit, sont les ours, dont la sagesse terrestre est grande de même que leur connaissance de la médecine.

Croyance Toungouse

L'ours est certainement l'un des plus beaux animaux de la création. Sa splendeur n'a pas échappé à la légende qui chante sa force et son intelligence. Certaines peuplades primitives le considèrent comme l'ancêtre de l'espèce humaine. À le voir agir en effet, ses attitudes (surtout en station debout) rappellent irrésistiblement l'homme. Plus étrange encore: dépouillé se sa peau, sa musculature et sa forme le rapprochent de nous.

Les Algonquins du Canada appellent l'ours, *Père*. De cette croyance, l'ours ancêtre de l'homme, est née la légende des femmes

enlevées par des ours et vivant maritalement avec leur ravisseur. On retrouve chez les Eskimos, un peu de cette croyance. Par exemple, chez les Indiens de la rivière Thompson, la dépouille de l'ours n'est jamais introduite dans la tente, parce que les femmes y habitent, et risqueraient d'être assaillies par l'esprit de la bête, d'où ce chant de retour de la chasse à l'ours:

> *Prenez bien garde, pauvres femmes,*
> *Prenez bien garde à votre ventre,*
> *Protégez votre petit fruit...*

L'ours noir, dont il est question ici, est présent dans toutes les régions du Québec. Il mesure généralement de 5 à 7 pieds et son poids peut aller jusqu'à 300 livres. C'est dire que le trapper n'est pas une mince affaire et qu'on ne saurait le recommander aux débutants.

Bon marcheur, il est aussi excellent nageur. L'ours possède son territoire qu'il sillonne, toutefois sans emprunter obligatoirement la même piste. Parmi ses défauts, il a tendance à détruire son habitat, éventre les arbres, casse les branches des arbres fruitiers. Il peut faire beaucoup de ravages près d'une maison si on laisse des ordures ménagères autour. L'ours profitera même de l'absence des propriétaires, pour pénétrer dans la maison, en brisant portes et fenêtres, et fouillera tout ce qu'il trouve, des armoires jusqu'au réfrigérateur. Moufettes et ratons laveurs sont moins bruyants lorsqu'ils effectuent une visite de ce genre...mais le résultat est le même.

L'ours est omnivore et sa nourriture va du miel au poisson, en passant par les fruits et les vieilles carcasses qu'il découvre le long des rivières qu'il sillonne au printemps, époque où la faim le tenaille, car il n'a pas mangé de tout l'hiver.

Est-il méfiant? Il peut l'être et sait bien se dissimuler. Il possède un excellent odorat et une ouïe très sensible. Par contre, sa vue laisse à désirer.

Pour piéger un ours, il faut connaître ses pistes, ce qui n'est pas facile, car il laisse peu d'indices, sauf de la boue et du sable parfois. On peut remarquer également, quelques marques de griffes sur un tronc d'arbre.

Ces marques de griffes sont sujettes à discussions. Certains prétendent qu'elles sont un langage que l'ours destine à son congénère.

On piège l'ours avec un piège à ours, mais l'instrument peut être découvert par l'animal s'il n'est pas traité et coloré soigneusement et s'il n'est pas bien recouvert: papier ciré, sable et feuilles. À part le piège à ours, on peut organiser des trappes, mais elles présentent des dangers. Le collet est des plus utile.

Les appâts sont plus efficaces lorsqu'ils sont très faisandés: des entrailles de porc, de boeuf ou de cheval, recouvertes de poissons ou de sang de boeuf que l'on aura fait mûrir dans un grand pot. Recouvrir pendant sa maturation, d'un grand chiffon. Faites attention aux mouches qui ne demandent qu'à y pondre.

On peut utiliser aussi la concoction suivante: dix livres de poissons coupés en morceaux et mélangés avec une pinte de sang. On en arrose la carcasse d'un veau mort-né, au moment où on place l'appât.

Les ours sont également friands de l'odeur des tondreuses et des huileuses de castors.

Les pièges: Victor 5, 6, 7$^1/_2$, 15, 50
Les collets: diamètre, 10" à 13"; hauteur, 16" à 20".

Le collet sur l'arbre

Les ours grimpent aux arbres; on peut donc y installer des collets.

1) Bien accrocher le collet à une branche solide.

2) Frottez l'arbre d'un leurre à base de huileuses de castor, du sol à l'appât. Cet appât est placé à 35 pouces du collet.

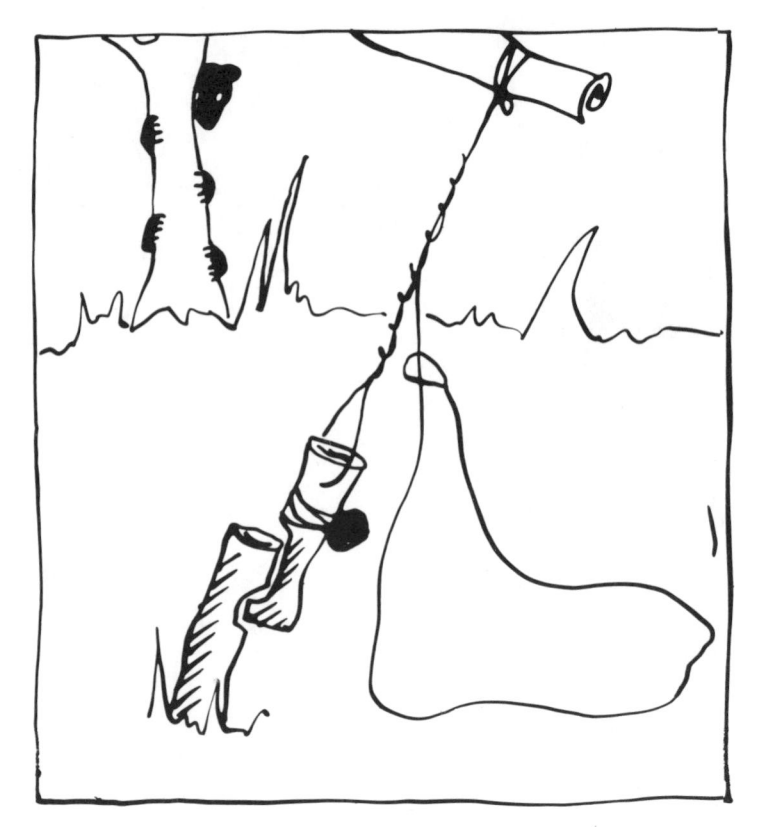

Collet à balancier

On peut attraper l'ours avec un collet à balancier. L'appât est fixé sur une des chevilles du système de déclenchement. Le collet est placé par terre.

Sur une piste

1) Repérez d'abord un endroit où la piste d'un ours se rétrécit.

2) Jetez un tronc d'arbre au travers de la piste de manière à ce qu'il soit à 40 pouces du sol.

3) Attachez le collet à un tronc d'arbre d'au moins 8 pouces de diamètre.

4) Frottez les arbres qui se trouvent au bord de la piste avec de l'huile de castor: sur une distance d'au moins vingt pieds. Il n'y

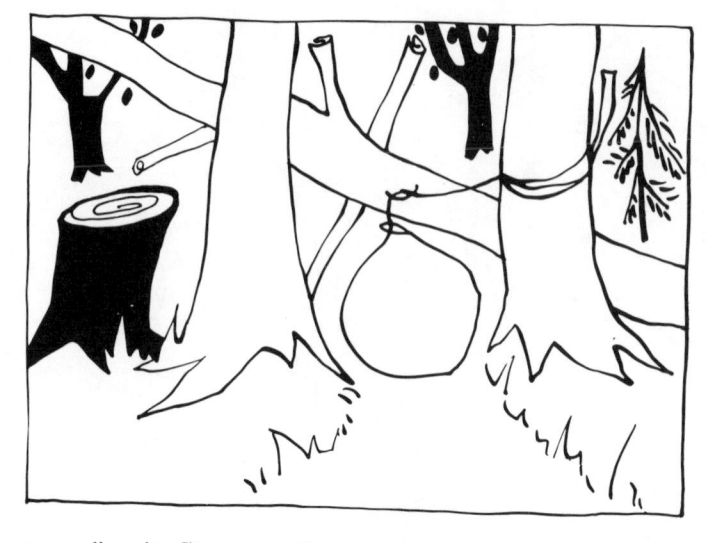

a pas d'appât. C'est en se frottant contre les troncs d'arbres que l'ours se fera prendre.

Note: pour un résultat plus sûr, traînez une carcasse faisandée le long de la piste qui mène au collet.

La cabane à ours

1) Préparez votre cabane bien avant la saison de la chasse. Appâtez-la régulièrement pour habituer l'animal à s'y rendre. La cabane doit avoir 7 pieds de long, 4 pieds de haut et 3 pieds de large. Vous lui donnerez soit une forme en U, soit une forme en V.

2) Quand le temps du trappage arrive, on place l'appât au fond de la cabane; il doit sentir FORT. Le piège est placé à l'intérieur, juste à l'entrée. Un tronc d'arbre devant la cabane et des guides autour du piège forceront l'animal à poser les pattes sur le piège.

3) Le piège est attaché à un gros tronc d'arbre mobile. L'ours se fatiguera en le traînant.

Note: de plus petits animaux peuvent déclencher le piège. Il faut donc régler le déclencheur pour un poids d'au moins 40 livres. On peut le faire en plaçant un bâton en biais sous le déclencheur. Travaillez par en-dessous du piège si vous ne voulez pas risquer d'avoir la main broyée.

Il faut bien dissimuler le piège selon la méthode dite "sous la neige". On peut aussi l'arroser avec un jus de poisson.

L'OURS

Note générale: l'ours est un gros gibier et son poids est souvent le double de celui de l'homme. Les appareils destinés à le capturer sont donc dangereux pour l'homme. Il est sage d'entourer vos pièges pour gros animaux d'un fil tendu à 4 pouces du sol avec une petite pancarte indiquant qu'il y a là un piège. L'animal enjambera le fil et il y aura moins de risques d'accidents pour les promeneurs.

Le lynx

Le regard du lynx a le pouvoir de percer murs et murailles...

Dicton populaire

I have seen a spotted-headed cat on a forked tree

Gwion, in "Ca Y Meirch"

Le lynx du Canada est, à proprement parler, le loup-cervier. Le lynx roux est le *bob-cat*. Cousin de la famille des chats, le premier est plus imposant que le second. Un loup-cervier peut peser une trentaine de livres; le *bob-cat,* que l'on appelle aussi chat-cervier, ne dépasse guère les 20 livres.

Tous deux se nourrissent de petits animaux, et leur fourrure, dense et soyeuse, est très appréciée sur le marché canadien.

Marcheur plutôt que coureur (à moins qu'il ne soit poursuivi) le lynx nage excellemment; il grimpe facilement aux arbres.

Lynx roux (bob-cat)

LE LYNX

Chasseur à l'affût, près des pistes, il préfère les endroits couverts d'où il pourra observer sans être vu. Car le lynx, s'il a une très bonne vue, d'ailleurs devenue légendaire, a un odorat défaillant. On pense également, que ses moustaches et les poils du bout de ses oreilles, lui servent d'organe tactile durant la nuit. Son ouïe est également remarquable; c'est au son, qu'il chasse, dès que le soleil se couche.

Comme le chat, il peut rester longtemps immobile, et se détendre brusquement pour frapper sa victime d'un solide coup de mâchoire, bien pourvue de dents. Le lynx raffole du castor et du rat musqué. S'il n'a guère de mal à attraper ce dernier, le castor lui donne du fil à retordre, surtout les vieux qui le connaissent. Il s'attaque aussi au jeune chevreuil et, bien des méfaits que l'on attribue volontiers au coyote, au renard et au chien errant, lui sont dus.

Le lynx a l'habitude d'enterrer ses restes, pour y revenir lorsque l'appétit lui vient à nouveau.

Sa ressemblance évidente avec le chat n'a pas empêché que, depuis tous temps, on ait confondu le lynx avec la panthère et le léopard, à cause de sa robe tachetée. Outre sa vue capable de transpercer les objets opaques, les auteurs anciens assurent déjà que le lynx a une oreille extraordinaire... et qu'il aime la musique. C'est du moins, ce que Virgile affirme. Cela n'est peut-être pas vrai; mais il est assuré que les cordes de la harpe celte (celle d'Alain Stivel), sont faites à partir de ses boyaux séchés.

Prudent, le lynx? Au dix-septième siècle, un évêque prétendait que le lynx effaçait, avec sa queue, la trace de ses pas, afin que les hommes ne puissent le capturer et s'emparer de la pierre qu'il porte dans sa vessie, et qu'il forme de son urine. En fait, le lynx ne porte aucune pierre, mais il existe, en minéralogie, une *Pierre de lynx,* qui n'est autre que la *ligurite,* une variété de tournaline, un silicate albumineux.

Les chrétiens ont fait du lynx, le symbole de l'omniscience du Christ. Selon les paroles de Saint-Paul: "Tout est nu, tout est ouvert devant ses yeux".

La prétendue clairvoyance du lynx, a également inspiré le poète latin, Horace, qui a écrit: "Il faut avoir des yeux de lynx pour la beauté des femmes et des yeux d'aveugles pour ses défauts".

Comme l'ours, le lièvre et le loup, le lynx a le privilège d'être représenté dans le ciel, par une constellation de l'hémisphère boréal, découverte par Helvetius en 1690. Ce groupe d'étoiles est placé entre la Grande Ourse et l'Aurige. Son nom lui vient de la grande luminosité des 10 étoiles qui le forme.

Le lynx, un peu comme le rat musqué a des toilettes dans lesquelles il dépose ses excréments. Ces toilettes servent également de balises olfactives pour ses congénères qui y vont aux renseignements.

Pour piéger le lynx, on peut chercher à découvrir ses pistes et particulièrement celles qui mènent à ses "toilettes". Mais cela ne

Loup-cervier

vaut que pour le mois de novembre, avant que la neige n'apparaisse.

On peut également chercher ses traces sur les bords sablonneux des lacs ou des cours d'eau.

On utilise pour l'attirer un leurre visuel; généralement un oiseau ou un lièvre, que l'on suspend pour qu'il se balance au vent.

On peut le piéger aussi sur les arbres, durant l'hiver, ou sur ses pistes qui sont souvent permanentes, car en automne, le lynx voyage moins qu'au printemps.

Les meilleurs appâts sont les souris, les mulots, les lapins, chats, perdrix, castors et les rats musqués.

Un bon leurre peut être fabriqué de la façon suivante: 1 once d'huile de poisson, $1/4$ d'once de musc de rat musqué $1/4$ d'once de glandes de castor (tondreuses ou huileuses), $1/4$ d'once d'herbe à chat, 1 once d'urine (de *bob-cat* ou de lynx), $1/2$ once d'huile de paraffine bouillie.

Les pièges: Victor no 2 ou 3; Conibear 330.
Les collets: diamètre, 10''; hauteur, 12''.

L'appât enterré

En automne, ce piège est efficace.

1) On pose ce piège sur ou à proximité de la piste d'un lynx.

2) On creuse un trou de 4 pouces de diamètre, sur 10 pouces de circonférence; on y enterre un appât, généralement un rat musqué un peu faisandé que l'on arrose d'huile d'herbe à chat (cataire).

3) On place un Victor à 6 pouces de ce trou, que l'on recouvre ensuite de brindilles de conifères. On amarre solidement.

4) On place un double jeu de guides (les mâchoires du piège sont parallèles aux guides). Les guides ne doivent pas être trop gros, car le lynx n'aime pas à enjamber les obstacles.

5) Arrosez les buissons environnants d'urine de lynx.

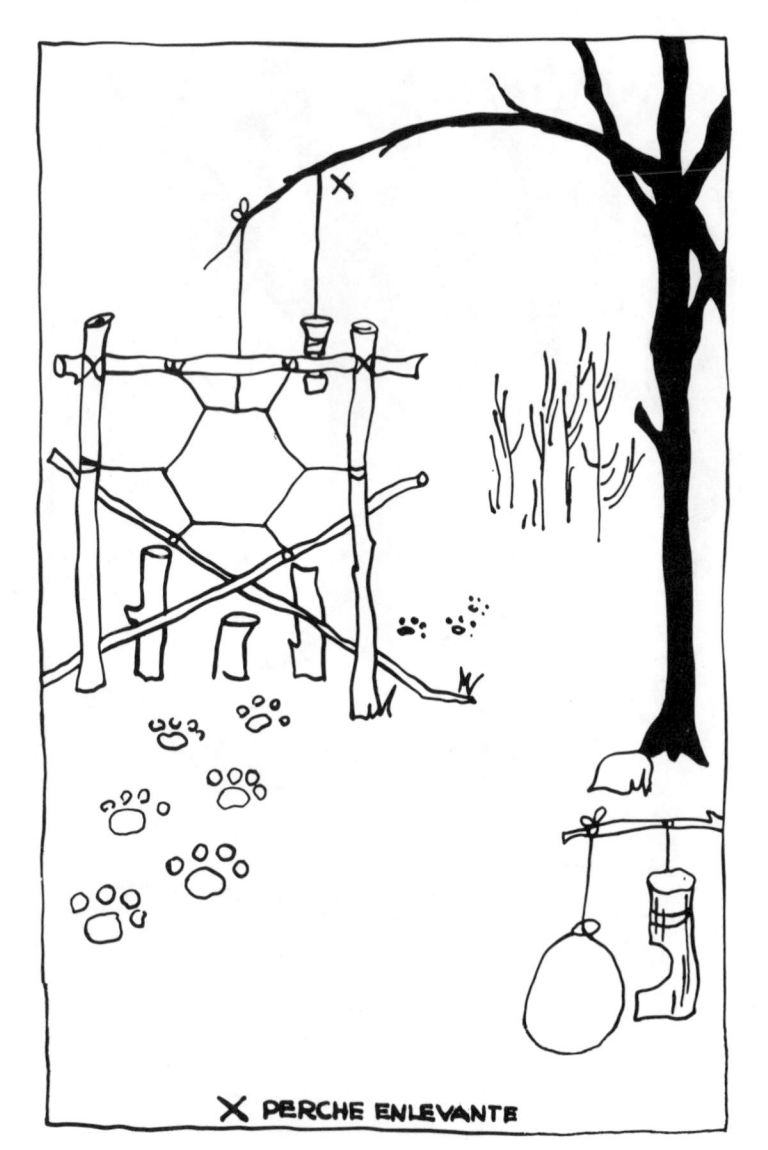

X PERCHE ENLEVANTE

Collet à balancier

1) Construire une petite architecture au centre de laquelle on tend le collet.

2) Le collet est accroché à un balancier qui se déclenchera.

Pour l'hiver

Les lynx voyagent moins l'hiver que durant les autres saisons. Ce piège est bien approprié pour le capturer sur ses propres pistes.

1) Repérez un endroit où la piste est droite.

2) Construisez-y un couloir de 4 pieds de haut et de 5 à 6 pieds de long. Le couloir sera évasé, de telle sorte que le haut aura une largeur de 3 pieds, mais le bas sera juste assez large pour y poser le piège.

3) Déposez le piège dans le couloir. Placez dessus, une feuille de papier ciré blanc, et recouvrez soigneusement de neige.

4) Il n'y a pas besoin d'appât; cependant, badigeonnez les couloirs intérieurs d'huile de castor.

Note: à la place d'un piège, on peut poser dans ce couloir, un collet. Il faut alors le fixer bien proprement sur les parois du couloir, car c'est en s'y frottant que le lynx s'y fera prendre.

La cabane à lynx

1) Construisez une cabane de 3 pieds de haut par 3 pieds de large, dont les murs et le toit auront été recouverts de branches de conifères.

2) L'appât est fixé par un fil de métal à son extrémité; placez-le assez haut, pour éviter que d'autres prédateurs ne s'en emparent. On peut l'arroser de musc de rat musqué, d'huile d'herbe à chat ou d'extraits de glandes de castor.

3) On installe un double jeu de guides en bois; les mâchoires du piège sont parallèles aux guides.

4) On place le piège, ici un Victor, à 3 pouces de l'entrée de la cabane. Piège et chaîne (solidement attachés) sont dissimulés sous un tapis de feuilles ou d'aiguilles de conifères.

Note 1: la cabane doit être évasée vers le haut.

Note 2: on peut utiliser ce piège durant l'hiver dans la neige.

Note 3: on peut utiliser ce genre de cabane pour les renards, pékans, mouffettes et chats sauvages, mais il faut placer un piège de la dimension appropriée.

Le leurre visuel

1) On accroche une peau de lièvre à une branche.

2) Les pièges (ici on a placé deux Victor) sont placés sur un tronc d'arbre incliné à 45 degrés. Versez sur ces pièges, un leurre obtenu, en faisant pourrir de la chair de castor au soleil pendant 8 semaines (la chair sera alors devenue liquide).

3) On recouvre les pièges.

4) On verse quelques gouttes d'huile de valériane sur le tronc d'arbre, sur lequel a été placé le leurre visuel.

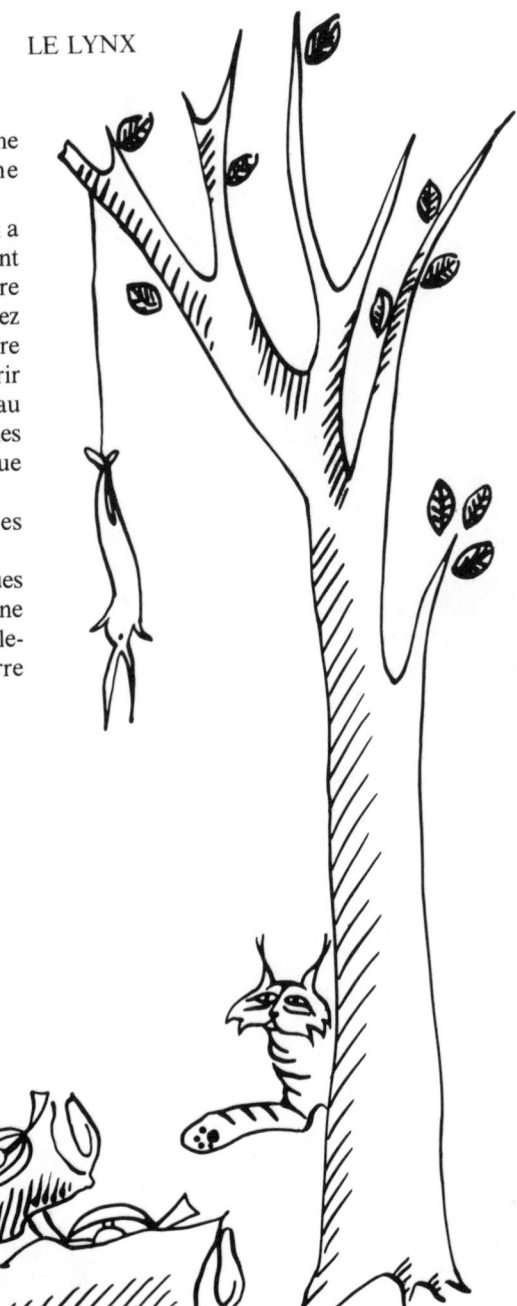

139

LES CANIDÉS

Le loup

D'aucuns disent que le loup traqué laisse fuser, juste avant de mourir, dans un dernier spasme, un cri très bref, un abois de mort sec et d'un seul jet; puis c'est le silence éternel.

J. du Fouilloux, *La Vénerie*

Parmi les grands animaux de la création, il n'y a peut-être que l'ours qui puisse se comparer au loup, en ce qui touche les mystères animaliers. Le lion, même le tigre, n'ont pas autour d'eux cette attirance mêlée d'horreur. Et encore! On peut rire d'un ours, le trouver amusant, folichon et gourmand. Du loup, jamais. Il parcourt les bois et les steppes, aussi bien en Europe qu'en Amérique du Nord, portant sur lui, l'anathème des hommes, faisant peur aux petits enfants, apportant à la vantardise goguenarde des histoires de chasse et de trappe, le petit frisson de terreur diabolique sans lequel elles n'auraient pas le charme qu'on leur connaît.

LE LOUP

Le loup est-il dangereux? Attaque-t-il l'homme, comme on le dit? Les spécialistes d'aujourd'hui en doutent, et nous présentent le *lupus canis,* comme un animal intelligent, à la vie sociale bien organisée, monogame, élevant bien ses enfants.

Quant aux légendes des peuples, concernant le loup, elles ne manquent guère en nombre. Mais, à l'inverse des contes de fée de notre enfance, le loup y joue souvent un rôle bénéfique. Il est généralement, l'animal de la lumière, un symbole solaire, céleste. Il est l'animal familier d'Apollon, chez les anciens Grecs, et chez les Mongols, l'ancêtre de Gengis-Khan. Mais il s'agit du soleil du nord, de la lumière polaire. Les chinois affirment que le loup céleste habite l'étoile Sirius, gardienne du palais céleste représenté par la Grande-ourse dont elle est l'ornement le plus brillant.

C'est au loup, également, que l'on emprunta le nom de *lycée:* le *lukeion,* littéralement *peau de loup.* C'était le terrain qui entourait le temple d'Apollon à Athènes, là même où enseignait Aristote.

Les Celtes appelaient le loup *Bleiz;* on retrouve cette origine dans des noms géographiques comme Beauce, pays du loup.

Le loup albinos est particulièrement respecté et l'on dit que celui qui le tue, devient fou. Les Loucheux d'Amérique du nord, confondent parfois le loup blanc avec le carcajou, et lui attribuent un rôle bénéfique: il délivre l'homme de ses liens.

Chez les Kwakiult, certaines danses cérémonielles incluent le loup comme figure de l'ancêtre. Chez les Nootka en particulier, la cérémonie principale est la Kluwalla, ou danse rituelle du loup. Les initiés, portant masque de loup, y kidnappent les novices qu'ils entraînent dans la maison sacrée pour leur faire subir une initiation que l'on dit terrifiante. Durant ce temps, on imagine des célébrations dans le village. Chaque enfant Nootka passe par cette initiation, au moins une fois. Mais les adultes peuvent s'y soumettre à nouveau, pour obtenir un nouveau rang dans la Société; ils changent alors de nom.

Mais certaines races avaient une mauvaise opinion du loup: pour les Chrétiens en particulier, le loup eut une réputation déplorable dès le début; pour les Arabes, le loup était un obstacle sur la route du pèlerin; pour les Hindous, il était une expression de mauvaise augure.

Dès lors, personne ne s'étonne de le voir vite devenir l'animal des sorciers, maître de l'enfer et dévoreur d'enfants. Il est la *gueule* de l'enfer, où s'engouffrent les méchants. Ses yeux brillants, dont on prétend qu'ils luisent la nuit, ont certainement aidés à ce que l'on rattache le loup à la lumière astrale, celle de l'au-delà. Il y a un rapport entre l'éclair, le coup d'épée qui frappe et le regard du loup. De ces deux yeux incandescents, viennent le nom que les Grecs donnèrent à l'une des plus chatoyantes agathe, la *lycophtlamos,* ou agathe oeil-de-loup. De là vient également, le nom d'une petite mousse, le *lyocopode,* qui, réduit en poudre, procure une substance très inflammable que la pharmacopée ancienne appelait *souffre végétal.* On l'emploie encore dans la fabrication des feux d'artifices.

De ses yeux et de sa réputation de guerrier avide de sang, vient également la légende du déplorable *lycanthrope,* appelé plus communément *loup-garou.* Le lycanthrope est un homme qui se transforme en loup pour attaquer ses semblables et se nourrit de leur chair et de leur sang. Pour devenir un lycanthrope, il faut selon Nynauld, se frotter d'un onguent. Les sorciers (et naturellement les sorcières) lycanthropes étaient fréquents encore au dix-septième siècle. En voici une description:

"Car premièrement, (dit Nynauld) leurs sens intérieurs sont trompés de violentes impressions d'une même figure, et sont même poussés de furie que leur excitent naturellement, tels onguents et potions, de telle sorte, qu'elles se croient vraiment bête, marchent à quatre pattes, se servent de leurs mains au lieu de pieds de devant. Finalement, étant ainsi disposées, le Diable les entoure d'un air qui représente extérieurement à tous les spectateurs la forme d'un loup, et emporte ainsi la sorcière sous cette forme, par monts et par vaux."

Heureusement, les lycanthropes ont disparu avec les sorcières.

Lorsque la saison des amours est terminée (février-mars), et que leurs petits sont élevés, les loups marchent en groupe sur de longues distances, empruntant généralement les mêmes pistes. Ils préfèrent pour ces promenades, les nuits froides, humides et noires. Ils voyagent contre le vent; le caribou, au courant de ce danger, se place, quand il se repose, l'arrière-train au vent, pour déceler à temps l'odeur des loups.

Le loup aime à manger ce qu'il tue lui-même. C'est pour cela qu'il est difficile de l'attraper avec un appât. Les leurres l'attire, plus par curiosité que par goût.

Il existe aussi des loups solitaires, maigres et affamés, et ce sont les plus dangereux.

Les pièges: Victor 4 ou 4$^1/_2$.
Les collets: diamètre, 12" à 14"; hauteur, 16" à 18".

Le renard

Tout à coup un renard passa en courant sur la glace. Il essaya d'y pénétrer, parce qu'elle était transparente. Mais voyant qu'il ne le pouvait pas, il se fâcha à cause de sa dureté, s'écriant: "La glace est trompeuse".

Légende des Loucheux.

Parmi les quatre canidés dont nous parlons ici, le renard est le seul qui peut porter à rire ou à sourire. Toutes les fables occidentales, tous les contes font de lui l'animal rusé qui trompe tout le monde sans trop de méchanceté.

Mais en est-il ainsi dans les légendes des autres peuples? Pour les Eskimos, le renard est le second animal qui met le pied sur la terre ferme après le déluge; le premier est le corbeau. C'est une fable un peu différente de celle de La Fontaine. Elle pourrait porter le même nom. D'ailleurs, La Fontaine n'a pas été le premier en

pays civilisé à allier le renard et le corbeau, puisque l'on trouve dès le moyen-âge français, cette strophe dans un *Dits des animaux:*

Je suis subtil, plain de malice
Pour toutes bestes decevoir;
Au corbin (corbeau) je fais la police.
Chascun ne peult tout avoir.

Le renard roux, notre renard, sait chasser et connaît l'art de tromper ses ennemis. Solitaire, il n'aime guère la présence des autres renards, et urine soigneusement, comme font les chiens, les coins de son territoire pour en marquer les bornes.

Il est omnivore et s'il aime la viande (dont il enterre les restes quand il est rassasié), il se gave de légumes et de fruits; il aime les oeufs et est une menace pour les poulaillers mal fermés.

Le renard est un vieil animal dont les défauts et les qualités ont toujours intrigué les hommes. Un peu trop même, puisque l'on a connu un maître religieux chinois, dont la spécialité était la composition de talismans capables de délivrer de l'obsession du renard.

Mais quelle est cette obsession? C'était la longévité de vie, voire l'immortalité dont le renard est un symbole. Le maître céleste du taoisme chinois emprisonnait les renards dans des jarres dont ils resurgissaient *renards célestes* avec neuf queues. C'était, d'ailleurs, un monstre antropophage qui habitait le tertre vert du sud. Cette légende rappelle irrésistiblement l'alchimie, où l'on enferme la *matière première* dans la cornue pour l'y cuire. Mais Jung ne cite le renard qu'une fois, avec le chien, et le considère comme un animal inférieur.

Les anciens Japonais en ont fait le bon génie du commerce, et il préside à la culture des mûriers à vers à soie.

Mais c'est encore une connotation négative que l'on trouve chez les Amérindiens; ils voient dans le renard, le symbole de la salacité et du donjuanisme.

Quant à Saint Jean de la Croix, il en fait carrément l'équivalent des esprits malins. Il n'est pas le seul à penser de cette sorte; les peuplades sibériennes considèrent le renard comme le rusé messager de l'enfer qui attire les héros de légende vers le monde du dessous.

Le renard roux est d'une endurance incroyable. Il se déplace sur les chemins de bois, et s'engage résolument sur les rivières et étangs gelés. On découvre ses pistes dans le sable, la boue, auprès des fourmilières et des troncs d'arbres creux. Le renard, comme les canidés, est routinier, ce qui rend son trappage assez facile, malgré sa ruse. Il voyage la nuit, serait-elle très obscure, grâce à son flair infaillible et son ouïe aiguisée. Il veille toujours à ne pas se mouiller les pattes.

Les pièges: Victor 2.
Les collets: diamètre, de 8" à 10"; hauteur, de 8" à 10".

Le coyote

Alors tout le monde entendit un chant. Tout le monde s'interrogea. Tout le monde chercha à voir d'où provenait ce chant. Il y avait, au nord, un coyote blanc qui chantait. Il y avait au sud un coyote vert qui chantait. À l'ouest, il y avait un coyote noir qui chantait. Enfin, à l'est, il y avait un coyote d'or et il chantait.

Histoire sioux

Le coyote est le loup des prairies, le *barking-wolf* américain et, plus savamment, le *canis latrans*. Il est le cousin et très proche cousin du chacal, *canis aureus*. Carnivore assidu, il aime la chair, fut-elle faisandée et il a la réputation de dévoreur de cadavres. Tel, du moins, est le coyote des films westerns, dont l'aboiement inquiète toujours le spectateur et le cowboy insomniaque qui allume aussitôt un feu de camp.

Comme tous les canidés, il est intelligent et sait organiser sa vie, au mieux de son environnement. Autrefois, assez rare au

Canada, sa population augmente constamment et il prend lentement sa place entre le loup et le renard, son grand et son petit frère.

Il habite les bois francs de la province et les bords de l'Outaouais. Il est un bon marcheur qui emprunte généralement les mêmes pistes, qu'il "reconnaît", grâce au coussinet qu'il a sous les pattes. S'il craint l'homme et son odeur, il peut vivre quand même en régions agricoles où il devient rapidement un sérieux compétiteur pour le chasseur humain. Les coyotes chassent en couple et s'attaquent aux petits animaux. Ses ennemis sont le loup, le lynx et les rapaces.

Le coyote est surtout présent dans les légendes de la prairie américaine et au Mexique, où il n'a pas la réputation défavorable que lui ont fait les chasseurs.

Chez les Indiens des plaines, le coyote est la représentation de la multiplicité de la nature humaine. C'est lui qui apprend aux hommes à concevoir leurs propres contradictions, comme des étapes vers l'Unité finale. En ce sens, il joue un peu le rôle d'un miroir.

Les pièges: Victor 3.
Les collets: diamètre, de 12" à 14"; hauteur, 12".

Le chien errant

Il existe des chiens dont le caractère réservé, la solidarité inconditionnelle dans le combat sont, de fait, des qualités de loup. Si vous êtes obligé de quitter ce genre de chien, celui-ci en sera complètement désaxé; il n'obéira ni à votre femme ni à vos enfants; il tombera bientôt de chagrin, au niveau moral d'un chien sans collier, s'attaquera à la basse-cour et errera dans le voisinage en accomplissant méfait sur méfait...

Konrad Lorenz, *Il parlait avec les mammifères les oiseaux et les poissons*

On parle depuis quelque temps, d'une invasion de "chiens errants", particulièrement en Estrie où il semble qu'ils se réunissent en meutes. Il s'agit généralement d'anciens chiens domestiques abandonnés par leur maître en plein bois. Redevenus sauvages, ils s'attaquent à la faune. Les agents forestiers ont ordre d'abattre à vue tout chien errant qu'ils croisent. On dit, en effet, qu'ils sont d'autant plus dangereux que, connaissant l'homme, ils le laisseront approcher, voire le caresser, pour le mordre dans la seconde suivante.

Que le chien domestique puisse redevenir sauvage, il n'est là rien d'étonnant. Lui aussi appartient à la même race que le loup et le renard. En fait, selon Konrad Lorenz (bien que cette théorie ne soit pas acceptée universellement) le chien domestique est issu du chacal, *canis aureus,* à l'exclusion toutefois des races de chiens nordiques, les malamuthes, les huskies et les samoyèdes, dont l'origine remonte au loup, *canis lupus.*

L'Histoire a connu, voilà bien longtemps, une autre aventure de ce genre.

Les chacals, en Egypte, avaient de grandes oreilles, le nez effilé, les membres grêles et la queue longue et touffue. Ils rôdaient dans les montagnes et dans les cimetières. Leur vélocité agressive était reconnue. Les Egyptiens les avaient mis au nombre de leurs dieux sous la figuration d'Anubis, dieu à tête de chacal dont le rôle était d'accompagner les morts jusqu'à l'endroit de leur Jugement.

Mais il n'y a jamais eu de chacals en Egypte. Ces chacals-là étaient des chiens errants.

Quelques généralités sur le trappage des loups, coyotes et renards.

Les pièges

Tous les canidés se trappent à peu près de la même façon. On peut utiliser des pièges Victor ou des collets. La trappe traditionnelle est également utilisable, mais elle change l'environnement et les canidés lui sont très sensible.

Pour le renard, on utilise le piège Victor 2 ou le collet à fil de laiton double 21.

Pour le coyote, on recommande le piège Victor 4 ou le câble d'acier de $^1/_{16}$.

Pour le loup, il faut un piège Victor 4, ou un collet en câble d'acier de $^7/_{64}$ de pouce. Le loup se prend plus facilement au collet qu'au piège.

En ce qui a trait au renard, la palette du déclencheur des pièges commerciaux, est généralement un peu courte. Il vaut mieux l'agrandir pour qu'elle ne soit plus qu'à un demi-pouce des mâchoires. Pour le renard, un piège "jump" ou "coil spring", me semble supérieur car ils sont faciles à poser et prennent moins de place dans le panier.

Il faut surtout s'assurer que les pièges soient en bon état: 1) Que le déclencheur soit sensible; 2) Que les ressorts ne soient pas mous. Des pièges mal ajustés font souffrir inutilement l'animal.

L'équipement

Pour bien trapper les canidés, il faut un équipement simple, mais efficace et surtout très propre, car les canidés sont très sensibles aux odeurs. Ne conservez pas votre matériel dans la maison ou dans le garage. Le meilleur endroit pour conserver votre ap-

pareillage et votre linge de trappage est dans une grange sur le foin. Gardez vos appâts et vos leurres, séparés du reste de l'équipement. Si vous voyagez dans un véhicule à moteur, enveloppez le tout dans un sac de plastique avec des branches de sapin.

Assurez-vous toujours que vos pièges ne touchent jamais vos mains nues ni vos vêtements.

Où placer les pièges?

C'est LA question. Il est illusoire de s'attendre à faire de nombreuses captures dès la première année. L'expérience est indispensable. Les canidés sont des animaux attachés à leurs habitudes, et l'on s'aperçoit vite, que les meilleures captures se font souvent aux mêmes endroits.

Le mieux est naturellement de découvrir les pistes, de les suivre et de tenter d'en déduire les habitudes de l'animal ou des animaux qui les empruntent, car les canidés s'empruntent mutuellement leurs chemins.

LE TRAPPAGE DES CANIDÉS

Comment placer ses pièges?

Il y a bien des façons, dépendant de l'environnement et de la saison. Chaque trappeur a ses trucs. Là encore, l'expérience est maîtresse. Mais les moeurs de l'animal donnent de précieuses indications.

Les dessins qui suivent sont des exemples-types qui peuvent évidemment avoir des variations. Mais je crois qu'ils sont suffisamment explicites pour les amateurs.

Les appâts et les leurres

Les canidés sont méfiants et ils aiment généralement tuer ce qu'ils gagnent. Ils ont également l'habitude d'enterrer leurs restes et c'est là où, souvent, le trappeur les attend.

On utilise comme appâts (si cela est nécessaire) des viandes faisandées.

Pour les leurres, ils y en a de différentes sortes. Mais l'urine est toute indiquée, car les canidés, comme les chiens, marquent leur territoire et ont tendance à vérifier, en reniflant, à qui appartient l'urine qu'ils flairent.

Le loup aime la chair de castor frais.

Le renard est friand de chair de rat musqué.

L'assaféotida (ou gomme fétide), ainsi que l'huile de livèche attirent tous les canidés, ainsi que le musc de rat musqué, la glande du castor et les matrices de femelles en chaleur.

Voici deux leurres "classiques" pour le loup. 1) Une matrice de louve en chaleur et toute l'urine de la vessie fermentée pendant deux semaines; hachez la matrice et mélangez les deux ingrédients; laissez le tout dans un pot au soleil pendant 16 semaines; ajoutez ensuite 18 onces de glycérine et 1 once d'alcool rectifiée. Gardez le tout dans des bouteilles bien fermées. 2) Hachez des tondreuses de castor et ajoutez-y de l'huile de castor et de la menthe sauvage séchée. Juste avant de l'utiliser, mettez-y un peu de musc de vison.

Voici encore d'autres leurres efficaces pour les canidés en général: 1) Une matrice de femelle conservée dans de l'alcool depuis la dernière saison des amours; une once de gomme fétide, une once d'huile de livèche, 12 onces d'urine, 5 gouttes d'essence de moufette. Placez le tout dans un pot fermé au soleil pendant quatre mois. Au bout de ce laps de temps, ajoutez 12 onces d'urine et laissez au soleil pour deux semaines supplémentaires. On conserve le tout dans des bouteilles, après avoir filtré. 2) Une once de glande de castor broyée, $1/4$ d'once de musc de vison, 5 onces de musc de rat musqué, 12 onces de viande de marmotte que l'on aura fait pourrir dans un pot placé au soleil jusqu'à l'obtention d'un jus.

Quant aux urines, elles servent aussi à frotter les gants avant l'emploi et à arroser arbres et buissons quand cela est nécessaire.

Il va de soi que l'on emploie les matrices et les urines du loup pour trapper le loup, celles du renard pour le renard, etc...

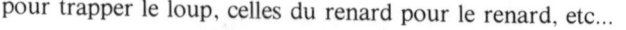

L'appât enterré

Ce piège convient à tous les canidés si l'on modifie certaines dimensions. On peut l'employer en toutes saisons; en hiver toutefois, il vaut mieux que la neige ne soit pas trop épaisse.

1) Creusez un trou près d'une piste, dans un terrain relativement découvert et placez-y un appât de viande faisandée. Le trou

aura 10 pouces de profondeur pour le loup, 6 pouces pour le coyote, 2 pouces pour le renard. Recouvrez avec de la terre sablonneuse ou de la neige.

2) Placez le piège en avant du trou, à 5 pouces pour le loup, 4 pouces pour le coyote et 2 pouces pour le renard. Dissimulez-le après avoir versé dessus un peu d'urine.

3) Si vous n'avez pas réussi à trouver un terrain où tronc d'arbre, pierres, etc...forment des guides naturels, installez-en quelques-uns soigneusement.

Une variante de ce piège consiste à placer le piège directement sur l'appât faisandé.

1) On creuse l'excavation qui recevra l'appât et l'on y enfonce solidement un piquet pour fixer la chaîne du piège.

2) On place l'appât dans le fond du trou.

3) On place la chaîne et le piège sur l'appât.

4) On place un papier ciré sur le piège et on recouvre le tout de terre, sable, mousse ou neige.

Dans les deux cas, on arrose d'urine quelques buissons avoisinants.

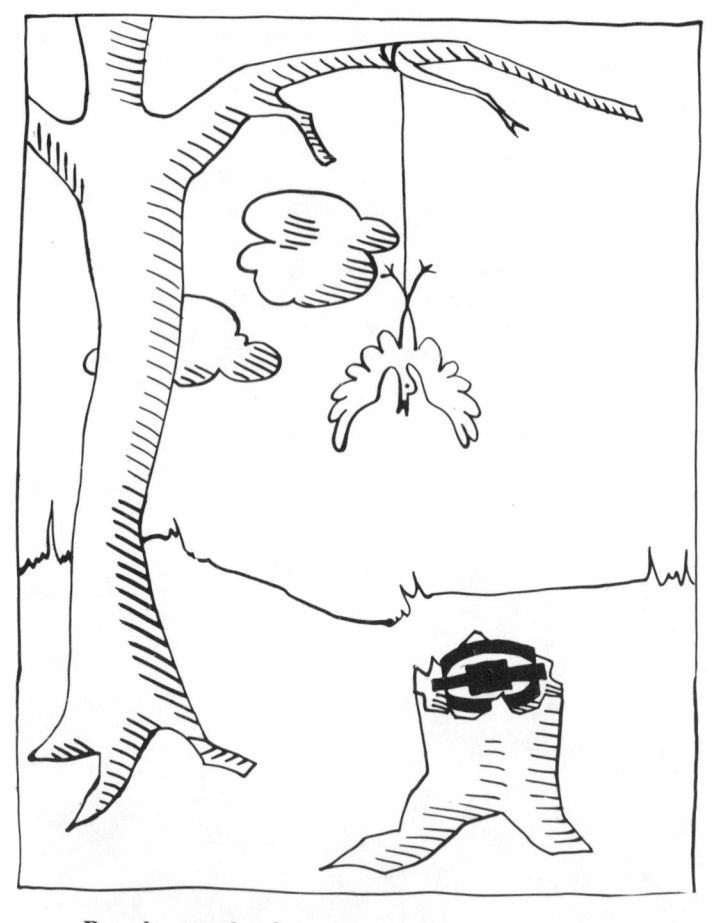

Pour le renard et le coyote

Les appâts enterrés peuvent parfois être découverts par des chiens ou autres animaux inopportuns.

Pour éviter ce genre d'incidents, on peut suspendre l'appât à une branche d'arbre alors que le piège est posé et dissimulé sur une souche pourrie ou sur un petit tas de sable.

L'animal cherchera d'abord à sauter pour attraper l'appât. N'y arrivant pas, il tentera de se servir de la souche ou du tas de sable où est le piège.

La souche ou le tas de sable est environ à 10 pieds du tronc de l'arbre. L'appât sera placé à une hauteur de 8 pieds et distant lui-même du tronc de l'arbre d'environ 5 pieds.

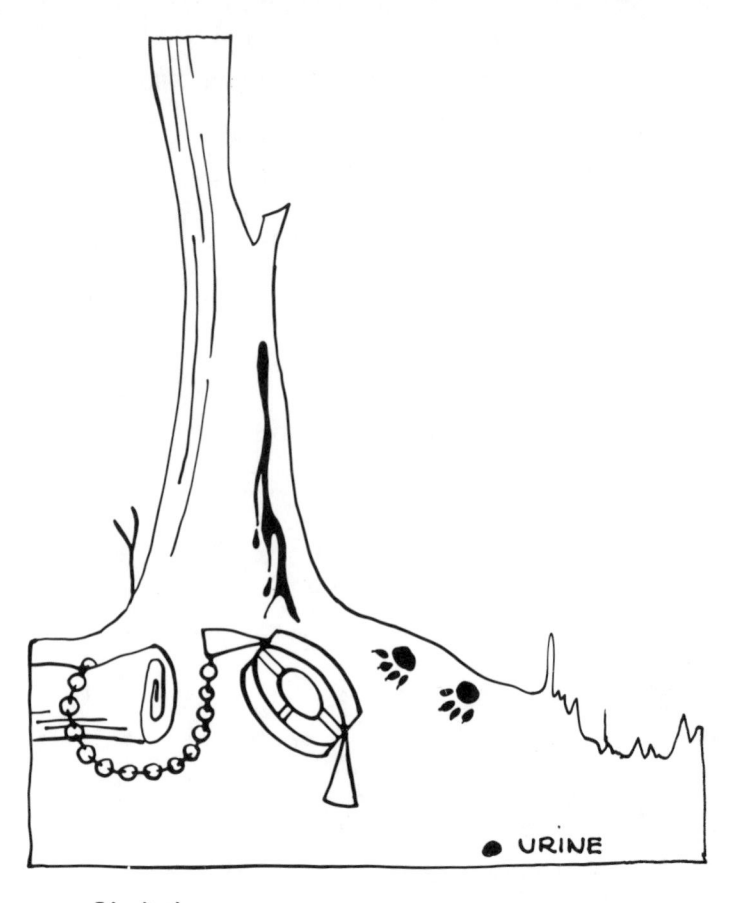

URINE

L'urinoir

On attire les canidés avec leur urine (à chaque animal son urine!) que l'on déverse sur le piège (sans appât) et sur un arbre avoisinant.

Choisir un arbre qui se trouve à environ 8 pouces de la piste de l'animal. Posez le piège sur la piste. Attachez-le par sa chaîne à une grosse bûche. Recouvrez-le soigneusement.

Versez deux onces d'urine sur l'arbre, à 12 pouces de hauteur pour le renard, à 16 pouces pour le coyote et à 18 pouces pour le loup. Versez trois onces d'urine sur le piège.

N'oubliez pas de frotter vos gants de caoutchouc avec de l'urine avant de commencer votre travail.

Note: quand on pose un piège sur une piste enneigée, on risque que des infiltrations de neige viennent bloquer par en-dessous la palette du déclencheur...et le piège ne partira pas. Il faut alors envelopper le piège de papier ciré blanc. Un sac de plastique peut aussi faire l'affaire.

163

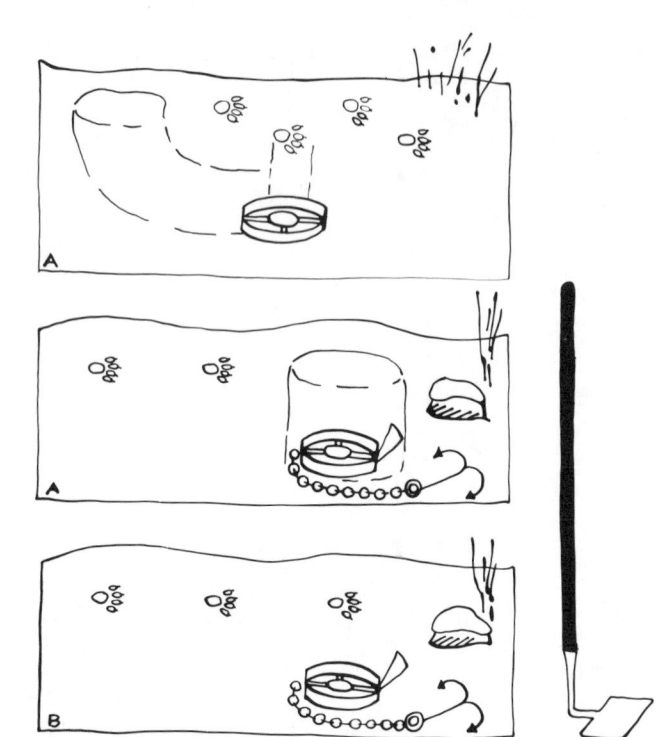

Pour la grosse neige

Quand la neige recouvre le sol, il devient difficile de trapper. Les pistes d'animaux sont plus visibles mais celles du trappeur aussi. Les pièges, de leur côté, ne restent pas très longtemps en bon état de fonctionnement. Si un dégel survient tout est à recommencer.

On peut, néanmoins, poser des pièges.

1ère méthode: à l'aide d'une bêche, creuser un tunnel sous une des empreintes de l'animal au milieu de la piste; glissez le piège sous cette empreinte; remplissez le tunnel et effacez vos traces avec des branches de sapins.

On n'utilise ni appât, ni urine, ni leurre.

2ième méthode: tappez l'empreinte avec la bêche, juste assez large pour pouvoir poser le piège, la chaîne et le grappin; recouvrez le piège de papier ciré; saupoudrez le trou et le piège avec de la neige (à travers une passoire s'il le faut); reformez l'empreinte à l'aide du bâton de la bêche.

On n'utilise ni appât, ni urine, ni leurre.

Des boulettes pour renards et coyotes en hiver

La nourriture étant plus difficile à trouver l'hiver, on utilise la faim des animaux pour les prendre. Toutefois, leur méfiance doit être déjouée. Le "truc" des boulettes est excellent à cet effet.

Préparez des boulettes de viande de moufette faisandée d'environ 2 pouces de diamètre. Plantez les sur des bâtons de 8 pouces et allez les fixer au sol le long des pistes. Ne traversez pas les pistes! Les marques de vos raquettes avertiraient l'animal de votre présence.

D'abord méfiants, les renards et les coyotes tourneront autour. Puis, ils s'enhardiront et iront manger les boulettes.

Continuez ainsi de les alimenter: quand vous jugerez le temps venu, posez vos pièges "en triangle" près de la boulette autour de laquelle la neige est tapée. Recouvrez vos pièges soigneusement.

Les pièges doivent avoir été blanchis soigneusement. Portez des gants de caoutchouc: la moindre odeur nouvelle fera fuir vos prises éventuelles.

X LEURRE

Durant la saison des amours

L'instinct sexuel étant le plus fort, on l'utilise pour attraper les canidés...sans se donner trop de peine. Il suffit de trouver un endroit légèrement dégagé, près d'une piste, agrémenté d'un petit buisson.

On tape la neige avec ses raquettes de telle sorte que l'on y forme un trou. On y place un piège que l'on arrose généreusement avec un leurre à base de matrice.

165

Sur un lac gelé

On fait des petits monticules de 6 pieds de haut sur 5 pieds de diamètre. Le piège est dissimulé sur le haut de ce cône que l'on tronque. Le piège est retenu par une bûche cachée à la base du cône, à laquelle on aura attaché la chaîne. On dispose des morceaux d'appât tout autour du cône.

Eau et terre pour le loup et le coyote

Voici un double piège très efficace que l'on peut employer avant le temps de neige. On utilise des pièges noirs. Ce double piège est rapide à installer et ne devrait pas vous prendre plus de 10 minutes de travail.

On l'installe à un endroit où loups et coyotes traversent régulièrement une rivière.

1) Placez une bûche d'environ cinquante livres sur le bord du ruisseau. Elle servira en même temps de guide et de poids pour attacher les pièges. Ne posez pas les pièges en même temps afin de laisser à l'animal le temps de s'habituer à sa présence. Travaillez avec des gants de caoutchouc et marchez dans l'eau pour éviter les odeurs suspectes.

2) Posez le premier piège devant la bûche, en l'enfouissant dans le sable. La meilleure façon est de creuser un trou dans le sol avec votre truelle de trappeur et de déposez le piège dans le fond.

Attention! Il est prudent de placer un peu de mousse sous le déclencheur et à l'intérieur des mâchoires pour éviter un déclenchement trop hâtif par le seul poids de ce qui recouvrira le piège. Les mâchoires doivent être placées dans le sens de la piste.

3) Placez soigneusement sur le piège une feuille de papier ciré qui épousera la forme des mâchoires ouvertes.

4) Recouvrez maintenant le piège d'une couche de $1/4$ de pouce de sable ou de terre, selon le terrain; utilisez une passoire à cette fin.

5) Enterrez la chaîne sous la terre après l'avoir amarrée solidement au tronc d'arbre.

6) Posez maintenant l'autre piège sous l'eau, à environ 5 pouces de la bûche. Recouvrez le de feuilles mouillées ou dissimulez le sous un peu de boue.

7) Allez de l'autre côté du ruisseau et aspergez d'urine un buisson qui se trouve tout au bord de la piste et à quelque 36 pouces de l'eau.

8) Quittez les lieux comme vous y êtes venu: par voie d'eau, sur au moins une distance de 100 pieds, à partir de ce double piège.

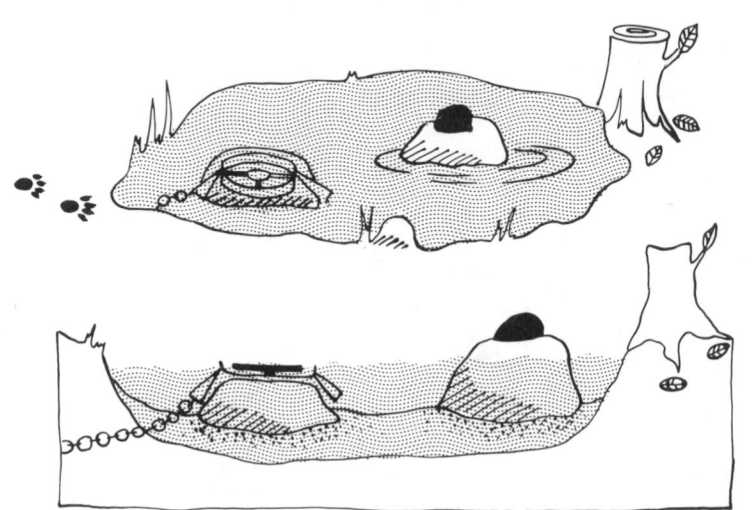

Le renard et le trou d'eau

Le renard ayant horreur de se mouiller les pattes, on se sert de cette aversion naturelle pour le prendre au piège.

Trouvez une mare ou un ruisseau pas trop large (5 à 6 pieds suffisent). Placez en plein centre une grosse pierre où vous déposez l'appât et le leurre que vous n'oublierez pas de dissimuler sous de la mousse et des écorces.

Placez une seconde pierre à mi-chemin entre le bord de l'eau et l'appât. Mettez-y un piège (à environ ¹/₂ pouce) sous l'eau que vous recouvrez également de mousse et d'herbe.

Pour atteindre la pierre centrale où se trouvent appât et leurre, le renard devra passer sur la pierre intermédiaire s'il ne veut pas se mouiller les pattes. Et c'est ce qu'il fera.

De toute évidence, ce piège n'est pas utilisable par temps de gel.

La trappe à renard

On peut attraper le renard à la trappe mais il faut soigner la construction de celle-ci et l'appâter à plusieurs reprises pour vaincre la méfiance de l'animal. Les jeunes renards s'y laisseront prendre plus facilement que les vieux. Cette trappe, toutefois, est la meilleure pour attraper les renards expérimentés.

LE TRAPPAGE DES CANIDÉS

1) On plante d'abord les coulisses bien solidement dans le sol; elles serviront de guides de descente aux gros billots qui forment le poids.

2) Suspendre les gros billots (des troncs d'environ 4 pouces de diamètre) sur le support.

3) Si vous le jugez bon, augmentez la charge en plaçant des grosses pierres sur les billots.

Le support, qui est aussi le déclencheur, est constitué de quatre pièces de bois indépendantes. A mesure 3 pieds; B mesure 32 pouces; C mesure 24 pouces.

L'appât et le leurre sont placés sur la pièce C du support.

Attention quand vous construisez cette trappe! Elle est très sensible.

N'omettez pas de déverser un peu d'urine sur un arbre avoisinant; le renard sera attiré.

La cabane à renard

Le renard ne se prend pas trop malaisément dans la "cabane à renard".

Cette cabane doit être construite sur un terrain à découvert que fréquente l'animal. Une enquête à la jumelle est souvent nécessaire pour le déterminer.

La cabane aura 30 pouces de haut, 20 pouces de largeur aux entrées (qui se trouvent des deux côtés) et 5 pieds de longueur environ.

L'appât est constitué d'une boulette de viande faisandée enfoncée dans un bâtonnet de bois que l'on aura trempé dans une bouteille de leurre. On place cet appareil au centre de la cabane et on le recouvre légèrement de neige ou de mousse, selon la saison.

On place un piège à chaque entrée en l'encadrant de guides.

Les collets

Les collets sont d'excellents instruments pour attraper les canidés. On les emploie volontiers "à barrure", quoique pour le renard cela ne soit pas obligatoire avec un système à balancier. Il est également recommandé de les munir d'un tourniquet.

On trouve ces collets dans le commerce mais on peut les fabriquer soi-même sans trop de peine pendant la saison morte. On économise ainsi de l'argent.

On peut poser les collets à de nombreuses places. Ils doivent être retenus par des supports solides et assez lourds pour que les animaux ne puissent pas les transporter trop loin.

Il vaut mieux installer les collets avant une bordée de neige de telle sorte que vos traces de passage disparaîtront.

Une bonne place pour les poser est sur la piste d'une carcasse d'animal domestique ou sauvage; cependant pas trop près pour ne pas donner l'alarme aux autres animaux quand l'un d'eux sera pris. Mais on peut les placer à l'entrée des troncs creux (pour les renards), sur les pistes, le long des pistes, etc...

Un peu d'urine aux alentours attire les animaux.

N'oubliez pas de visiter vos collets tous les jours par temps clément. Par temps froid, il suffit d'aller les voir tous les trois ou quatre jours.

Pour les loups, on place le collet de 13 pouces de diamètre à 17 pouces du sol; pour les coyotes, le diamètre est de 12 pouces et la hauteur est de 12 pouces également; pour le renard, il suffit de 9 pouces de diamètre et d'une hauteur de 9 pouces.

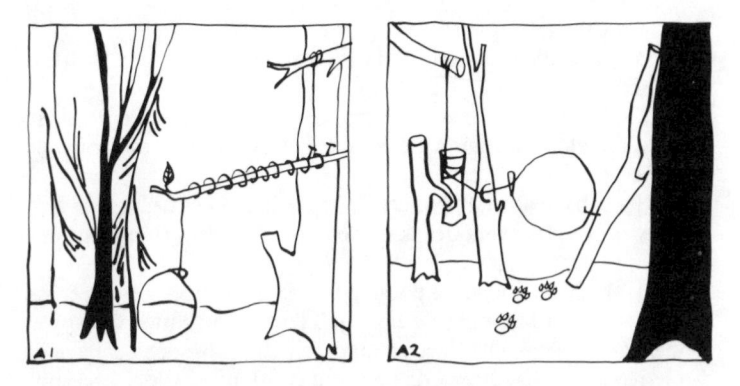

Dessin 1

Le collet est fixé sur un bâton assez lourd qui enjambe la piste et vient s'appuyer sur un tronc qui la borde.

Dessin 2

En variante, on peut utiliser pour faire poids un jeune sapin que l'on a coupé et replanté près de la piste. Il faut un sapin de 5 à 6 pieds pour "tenir" un loup. Le collet est ajusté au-dessus de la piste sur une petite fourche.

Dessins 3,4,5.

Ces trois dessins montrent des collets à balanciers qui sont employables sur la piste des canidés.

LE TRAPPAGE DES CANIDÉS

Prière de se rapporter aux principes généraux des collets à balanciers pour les détails.

Rappelons enfin que les collets à balanciers ont l'avantage de placer l'animal pris hors de l'atteinte des autres animaux.

DEUXIÈME
ENTRE-ACTE

Émile Petitot fut missionnaire chez les
Eskimos du nord-ouest canadien dans
les années 1850. Il en profita pour
recueillir leurs légendes qu'il transcrivit
scrupuleusement, chose rare à cette époque. Nous en avons relevé quelques-
unes qui traitent, en particulier, des
animaux dont il est question dans cet
ouvrage.

LE CASTOR ET LA GRENOUILLE

Quand le castor apparut sur terre, il prononça cet apophtegme: "Autant il y a d'écailles sur ma queue, autant il y aura de castor sur terre."

C'est pourquoi il y a tant de castors sur terre.

Alors la grenouille fit aussi cette prophétie et dit: "Il y aura trois lunes chaudes dans l'année et trois lunes froides."

Et c'est pourquoi il en est ainsi.

LES DEUX SOEURS

Le castor et le porc-épic demeuraient de l'autre côté du fleuve Nakotsia-kotchô (le Mazkenzie). Ils étaient soeurs et s'aimaient tendrement.

Alors la soeur Castor arriva à la nage sur le rivage occidental et demeura au bord de l'eau, au lieu où se trouve cette grosse montagne appelée *Tsa-tchô-èpèli*. Ce fut là qu'il campa.

Alors, sur la rive gauche, la soeur Porc-épic se lamentait et pleurait après le castor, car elle ne savait pas nager. Elle s'ennuyait de sa soeur, tout en demeurant sur cette montagne que nous appelons *Ttchiuné chiw*.

Et le Porc-épic disait en pleurant:

— Puissè-je dans ton pays aborder par eau, ô ma soeur!

Mais comme il ne savait pas nager, il ajoutait:

175

— Dans cette terre où je désirerais habiter, ô ma soeur, transporte-moi sur les eaux!

Car d'abord, il faut dire qu'elles demeuraient ensemble, les deux soeurs, sur le rivage de la mer occidentale. Puis il se forma de l'eau, un grand lac peut-être, un fleuve peut-être, je l'ignore, entre l'une et l'autre; de telle sorte qu'*il se produisit une mer entre les deux peuples,* il n'y eut plus de passage possible, et c'est pourquoi le Porc-épic demeura sur la terre occidentale, tandis que le Castor passa sur cette terre orientale.

LE TABOU DES ANIMAUX IMPURS

On ne doit pas manger du glouton, ni de la loutre, ni de la belette, ni du chien, ni du renard, ni du loup. Le corbeau et l'aigle sont aussi une nourriture défendue.

Car, au commencement des temps, les animaux étaient des hommes, et les carnassiers dévoraient leur chair; c'est pourquoi on ne doit pas manger la chair des animaux carnassiers. On doit garder ce tabou, on doit garder les observances. C'est là le terme.

Au commencement, les hommes étaient des rennes et autres animaux herbivores, et les bêtes à cornes étaient des hommes, mais des hommes si stupides qu'ils ne pouvaient venir à bout de tuer un seul animal herbivore pour s'en nourrir. Alors on échangea leurs sorts, et c'est le corbeau qui opéra cette transmutation; ces hommes bêtes prirent notre place, et c'est pourquoi nous les tuons et les mangeons.

LE DÉLUGE DES TRA-KWÉLÉ OTTINÈ

Après que le veillard eut chassé ses deux enfants de sa présence, il se relégua en courroux vers un détroit qui unit deux eaux immenses vers le Nord.

Là il habita tout seul, fâché et maussade, parce que ses enfants avaient enfreint ses ordres.

Tout à coup l'on entendit gronder l'abîme, comme s'il allait monter et s'épancher sur la terre. Une pluie torrentielle tomba du ciel pendant le sommeil du vieillard, et l'eau des mers ayant monté, monté, elle couvrit bientôt cette petite terre.

Alors le veillard debout sur le détroit, une jambe posée sur l'une et l'autre rive, repêchait avec ses larges mains les animaux et les hommes que les eaux entraînaient et les replaçait sur la terre ferme. Mais l'eau montant toujours, il fabriqua un grand radeau sur lequel il plaça un couple de chaque espèce d'animaux, et il s'en alla à la dérive, sur son radeau, après que l'eau eut recouvert toute la terre.

La pluie tomba longtemps, et l'eau dépassa les plus hauts sommets des montagnes Rocheuses. On n'en pouvait plus, et tous les animaux qui étaient sur le radeau soupiraient après la terre. Mais de terre, il n'y en avait plus.

Alors le vieillard fit plonger successivement tous les animaux amphibies, la loutre, le castor, le canard de Miquelon. Mais ce fut en vain.

À la fin, il lâcha le rat musqué, qui remonta le ventre en l'air, pâmé et à bout de souffle, tant la terre était loin, loin au fond des eaux.

Mais le petit rat musqué tenait serré dans sa patte un peu du limon terrestre que le veillard-magicien plaça sur la surface de l'eau reposée.

Ce peu de vase se développa sous son souffle puissant; il s'étendit, il s'étendit jusqu'à former un disque assez grand pour soutenir un petit oiseau que le veillard plaça dessus.

Il continua à souffler, et, la terre s'agrandissant encore, le veillard y plaça un corbeau. Il souffla toujours, et bientôt la terre put supporter un renard. C'est fini, elle a atteint les proportions que nous lui voyons; et sur ce grand disque, le veillard replaça tous les autres animaux pour qu'ils y vécussent comme autrefois. Puis il soutint le disque avec un gros et fort étançon, et le tout fut complet.

LA FEMME AUX OEUFS

Il existait, tout au commencement, sur la terre, une femme seule que son beau-frère maltraitait en l'absence de son mari. Après lui avoir couvert la tête avec sa couverture, il lui avait caché tous ses vêtements, la laissant absolument nue dans une petite tente ou loge, sur le seuil de laquelle il avait déposé, par pitié, en partant, un peu de nerf d'orignal. Puis il l'abandonna sans miséricorde. Toutefois, je pense qu'il lui avait allumé du feu en partant.

La pauvre femme était donc bien malheureuse, et se demandait comment elle ferait pour sauver sa misérable vie.

Cependant, elle ne désespéra pas. Avec le peu de nerf que son beau-frère lui avait laissé, elle tressa un lacet à lièvre, qu'elle alla tendre dans la forêt. Avec ce lacet, elle prit un lièvre; avec les tendons de ce lièvre, elle fit d'autres collets qu'elle tendit également. Elle prit tant de lièvres avec ces lacets, que de leurs peaux elle put se tisser une robe légère, chaude et moelleuse.

Ainsi, elle se tira fort bien d'affaire par sa propre industrie et sans le secours de personne.

Au printemps, son mari revint et trouva la femme aux oeufs perchée sur un arbre incliné au-dessus des eaux, et sur lequel elle aimait à se balancer par manière d'amusement. Tout en se balançant, elle chantait: «Pourquoi revenir chercher la Femme aux Oeufs?»

En entendant résonner la voix de sa femme dans les bois, le mari tressaillit. Il accourut vers elle et lui dit:

— Dois-je te reprendre pour ma femme?

— C'est fini, répondit-elle. Je ne dois plus être la femme d'aucun homme, car je suis la mère des lièvres.

Alors tout à coup, il arriva une quantité prodigieuse de lièvres gros et petits, qui ne tarirent plus depuis lors. C'est pourquoi, lorsque pendant l'hiver il y a abondance de lièvres, nous disons: «la femme aux oeufs a fait des lièvres.»

LE GOUTTEUR OU L'ANTIPHYSIQUE

Efwa-éké faisait souffrir tous les hommes, lesquels en ces temps-là étaient comme des animaux. Il appelait tous les animaux: «Mes soeurs», et en usait comme on use des femmes, les conviant d'accourir vers lui pour qu'il s'en moquât et en abusât.

Une fois, plusieurs ours noirs butinaient parmi des arbrisseaux à baies, de ceux que l'on nomme raisins d'oeurs. *Efwa-éké* s'en alla vers eux, ramassa quantité de baies d'attocat, puis il dit à l'un des ours:

— Ma soeur, frotte-toi les yeux avec cette médecine.

L'ours noir obéit, ses yeux en furent brûlés et il demeura aveugle.

Une autre fois qu'il s'était sauvé, *Efwa-éké* rencontra un grand nombre de jeunes filles qui s'en allaient à la cueillette des baies sauvages.

— Mes soeurs, leur dit-il, voulez-vous que j'aille avec vous?

— Soit, viens donc, lui répondirent-elles.

Ils s'en allèrent ensemble cueillir des fruits. Ils en ramassèrent beaucoup; puis, tout à coup, il remplit ses mains de ces fruits acides, il en frotta les yeux de ces pauvres filles et elles devinrent toutes aveugles.

Un jour qu'*Efwa-éké* se jouait en se balançant sur un arbre penché, il aperçut au-dessous de lui des boeufs musqués qui paissaient.

— Mes soeurs, leur cria-t-il, accourez vers moi. Il y a ici des paccages excellents que j'ai découverts pour vous. Il s'y trouve de l'herbe en abondance.

Les buffalos accoururent joyeux. Ils étaient accompagnés de leurs vaches, et tous étaient fort gras. *Efwa-éké* les convia alors à une gageure que devait gagner à la course celui d'entre eux qui atteindrait le plus vite un but qu'il leur désigna. Les boeufs se mirent à courir à perdre haleine, et comme ils étaient très gras, ai-je dit, ils en furent suffoqués et moururent asphyxiés.

Après ce coup. *Efwa-éké* fondit un grand nombre de pains de graisse de moelle dont il remplit un grand nombre de vessies; puis, il se rendit sur le rivage d'un grand lac, où des castors et des rats musqués vivaient ensemble en paix.

— Mes soeurs, leur dit-il, il y a par ici de bonne racines, venez les y manger. Je m'en vais attacher à vos queues ces pains de graisse qui vous aideront à les assaisonner.

Il lia donc à la queue d'un grand nombre de castors et de rats musqués ces pains de graisse fondue.

—Maintenant, allez-vous en au large, dit-il à ces amphibies, gagnez les grandes eaux et jouez ensemble, faites des sauts de carpe dans l'eau.

Rats et castors lui obéirent naïvement. Tout à coup, les vessies se crevèrent, l'eau en fut toute blanchie et saturée; elle remplit les yeux de ces amphibies qui en devinrent aveugles, et perdirent même la vie.

Le renard noir se livrait contre *Efwa-éké* à des opérations magiques. Le géant le saisit par la queue, qu'il lia; il le traîna par terre tant et tant qu'il lui allongea cet appendice de la manière que nous voyons que sont, aujourd'hui, les queues de renards.

Une autre fois, *Efwa-éké* pourchassa, un lynx, et, le saisissant par la queue, il le fit tourner autour de sa tête, le lança contre les parois de sa demeure, où il lui cassa le nez. C'est pourquoi le lynx a ce museau plat que nous lui voyons aujourd'hui.

Un jour que *Efwa-éké* était étendu et endormi dans une prairie, tous les hommes-animaux se dirent entre eux:

— Venez, et tuons-le!

Ils firent donc cercle autour de lui et dirent au renard:

— Toi, renard, comme tu as la jambe plus alerte que nous, cours vers *Efwa-éké* et brûle-le.

Le renard mit donc le feu aux grandes herbes sèches, de manière que toute la prairie immense en fut dévastée et brûlée.

— Lui aussi brûlera, pensaient les animaux.

Par le fait, *Efwa-éké* fut atteint par les flammes et eut même les fesses brûlées, parce que sa hache lui avait échappé. Car *Efwa-éké* portait toujours, suspendue le long de sa cuisse droite, une grosse hache de pierre emmanchée. Quand il en était armé, le géant était d'une force que rien n'égalait; mais quand il déposait sa hache ou qu'il la perdait, il devenait semblable aux autres hommes.

Or, dans cette circonstance, ayant été surpris par le feu, sa hache lui échappa des mains pendant son sommeil. Il eut donc les fesses brûlées. Mais, se levant tout à coup, il ressaisit son arme et aussitôt toute sa puissance lui étant rendue, les animaux s'écrièrent:

— Oh ! le méchant homme, voilà qu'il se lève contre nous.

— Mes soeurs, mes soeurs, leur cria-t-il, pourquoi me maudissez-vous, moi qui vous aime tant? Ne voyez-vous pas que j'ai les fesses brûlées? Mais maintenant, vous me connaîtrez. Vous m'appelez mauvais, eh bien! pour vous mauvais je serai.

Après cet événement, *Efwa-éké* se maria avec une étrangère et en eut une fille qui était fort belle. Elle était si belle que le malheureux père conçut pour elle une passion coupable si violente qu'elle le porta à s'oublier à son égard.

Cet inceste mit fort en colère la femme d'*Efwa-éké*, qui se promit bien de le tuer et lui en fit même l'aveu.

— Si tu veux parvenir à me détruire, lui dit *Efwa-éké*, fais un grand bûcher sur mon corps et brûle-moi. C'est le seul moyen. Ce n'est que de cette manière que la mort a empire sur moi.

Sa femme le tua donc, et ayant empilé du bois sur le corps de son mari, elle y mit le feu afin de détruire le cadavre. Puis elle se donna à un autre homme et se remaria.

Cependant, la grosse hache de pierre d'*Efwa-éké* n'avait pas été brûlée; elle ressortait de la terre, de dessous la grande souche sous laquelle on avait enseveli les cendres du géant. De là-dessous la hache surgissait. La fille d'*Efwa-éké*, cette fille si belle, dont il avait fait sa maîtresse, en instruisit sa mère.

— Ma mère, lui dit-elle, mon père n'est point mort, il n'est qu'endormi probablement, car j'ai vu sa hache repousser hors de terre.

Alors la femme qui avait été l'épouse d'*Efwa-éké* s'en alla au lieu de la sépulture de son mari; elle arracha la hache et en frappa le corps brûlé du défunt. Mais elle ne put en venir à bout.

— C'est donc ainsi que tu as pris ta propre fille pour femme! lui criait-elle en frappant.

Mais *Efwa-éké*, ressuscitant plein de vie, lui promit que dorénavant il se conduirait sagement.

Cependant, peu de temps après, il retomba de nouveau dans son crime. Pour lors, la vieille n'y tint plus. Elle le tua de nouveau et le brûla de rechef par un feu si grand et si violent que les flammes s'en élevaient jusqu'au ciel. C'est pourquoi jadis, avant la venue des Européens, nous brûlions nos ennemis, ceux du moins qui avaient tué quelqu'un des nôtres, et nous les faisions mourir à petit feu dans les tourments. On leur arrachait la peau du crâne et on répandait même de la braise et des cendres chaudes sur leur tête mise au vif.

Toutefois, la vieille ne put venir à bout d'*Efwa-éké*. Comme la première fois, le géant s'éveilla vivant, grâce à sa hache de pierre qui n'avait point été brûlée, et il promit bien à sa femme d'être sage à l'avenir.

On se concerta alors afin de le détruire par un autre moyen. On fabriqua une lance et on accourut vers lui pour l'en percer et le faire souffrir comme il avait fait souffrir les autres. On lui brûla les parties viriles, on le lia solidement avec des cordes. Puis toutes les filles qu'il avait méprisées allèrent à lui pour en abuser de la manière dont on abuse d'une femme; elles y allèrent et le brûlèrent. Une vieille femme aveugle en agit aussi de même. Elle s'approcha de lui, elle s'en moqua, elle le traita de la manière dont un homme traite une femme, puis elle lui brûla à son tour les parties génitales.

— Voyez donc, s'écria-t-elle, le grand *Efwa-éké;* voilà qu'une vieille femme est son mari!

Et toutefois, *Efwa-éké* ne mourut pas de ces horribles traitements. Il parvint même à se sauver et se réfugia chez les Dènè.

À la fin, il dit à ceux qui demeuraient hors des voies (les hommes-animaux):

— Désormais, je veux être bon avec vous. Faites donc publier une grande fête, préparez une grande danse, et alors seulement je me montrerai aimable pour vous.

On fit comme il l'avait souhaité. On construisit une grande maison circulaire, une maison vaste et profonde, grande du côté de l'entrée et grande aussi vers le fond. *Efwa-éké* y convia tous les animaux et tous les oiseaux. Lorsque tous y furent rassemblés:

— Maintenant dansez, leur dit-il, maintenant réjouissez-vous!

On dansa, tandis que lui se tenait debout au milieu de la loge immense et circulaire que soutenait un poteau central.

Tous les animaux, qui dansaient autour de lui, s'en moquaient en disant:

— Tu t'es sans doute promis de nous faire encore du mal, *Efwa-éké;* c'est pourquoi tu promènes ainsi tes regards impudiques sur nos personnes.

Alors le géant se mit en colère. Il poussa les murs de la maison de part et d'autre, il ébranla le poteau central. Tout à coup la toiture s'écroula, et de tous les animaux qui étaient dans la maison il n'en fit qu'un tas de cadavres. Les oiseaux parvinrent seuls à s'échapper par le haut de la demeure mise à découvert; mais les autres furent ensevelis sous ses débris. Toutefois, parmi les décombres, plusieurs animaux purent encore s'échapper. Ainsi la poule d'eau s'enfuit dans l'eau, le plongeon arctique et le huard en firent autant. Ils étaient noirs tous deux. *Efwa-éké* les poursuivit; il jeta au second de la craie après la tête et la lui rendit blanche.

Ainsi, dans cette occasion, *Efwa-éké* détruisit plus d'animaux qu'il n'avait fait jadis.

Bientôt il se dit:

— Je m'en vais parcourir les villages qu'habitent les géants ennemis, et je ferai souffrir ces derniers.

Il en agit donc ainsi. Tout d'abord il les fit se disperser. Ces géants avaient pris à la chasse des cygnes, des canards et des macreuses, qu'ils avaient fait rôtir dans le dessein de s'en régaler. Pendant la nuit, *Efwa-éké* se rendit vers eux; il fit ressusciter tout ce gibier, et le fit s'envoler de nouveau.

Un jour qu'il était endormi sur le bord de la mer, un géant des Têtes-Rasées, ou *Kfwi-dètèllé,* s'en alla vers lui à la nage, le captura dans des filets et le lia fortement.

— Mon grand-père, lui dit *Efwa-éké,* je voudrais me rendre là-haut sur cette montagne.

Aussitôt le géant le chargea sur ses épaules, lui fit traverser l'eau et le transporta au sommet de la montagne ou *Efwa-éké* se sauva et parvint à se cacher.

Efwa-éké se métamorphosa successivement en tronc d'arbre, en ours, en élan, en castor, en cadavre, trompant toujours et défiant sans cesse la vigilance et la haine des ses ennemis, les Têtes-Rasées.

À la fin, il jeta sa grosse hache de silex; il la jeta à la mer, cette massue dans laquelle résidait sa force, et il s'en alla. Il s'en fut si loin que l'on ne le revit jamais plus parmi les Dènè, et que nul ne sut jamais ce que *Efwa-éké* était devenu.

C'est la fin.

L'HOMME QUI A FAIT LE TOUR DU CIEL

Alors on partit pour la guerre, pour la destruction de ses semblables, à l'exception d'une vieille femme qui demeurait avec son fils. Beaucoup de guerriers passaient sur le sentier. Il y avait aussi beaucoup de femmes. Mais la vieille prit les flèches de son fils pour l'empêcher de partir pour la guerre. Elle pleurait et criait vainement: «Ne partez pas.»

Ils n'en partirent pas moins.

Après leur départ, le jeune homme dit à sa vieille mère:

— Mère, je veux aussi suivre la foule.

Et il partit seul.

Il suivit le grand sentier de guerre, il examina la contrée, et ayant découvert une grande tente du haut d'une montagne, il s'assit sur la déclivité de la montagne et examina le pays. Finalement, il redescendit la montagne et se rendit à la grande loge qu'il avait vue du sommet.

Un vieillard et sa vieille femme y demeuraient. Dans des marmites de racines de sapin tressées, ils faisaient cuire du lapin et du poisson, dont ils lui servirent à manger.

Les deux vieillards avaient une fille fort jolie, que le jeune homme se prit à désirer ardemment. Après donc qu'ils eurent mangé ce que la jeune fille leur servit, et que cette dernière se fut couchée, les veillards dirent à leur hôte:

— Voilà notre fille qui est seule. Couche donc auprès d'elle et dors avec elle.

Le jeune homme Dunè alla donc vers la jeune étrangère; il se coucha à côté d'elle, il lui prit les seins, il voulut la connaître; mais aussitôt il ne sentit à ses côtés qu'une belette blanche.

Cependant il ne se tint point pour battu, il la connut tout de même et devint par force son mari.

Le lendemain, cette fille dit à ses père et mère:

— Celui-ci m'a ravi toute ma magie.

— Qu'importe! lui répondirent-ils.

— Alors, je vais aller visiter mes lacets à lièvre, dit-elle.

Le jeune homme l'accompagna dans sa visite. Il prit des lièvres par la vertu de sa médecine. Puis il se dirigea vers un petit lac; il y jeta une pierre et tua un énorme brochet.

Il manquait de flèches. Il lança un morceau de bois dans les branches d'un arbre; elles tombèrent converties en flèches. Mais ces flèches n'étaient pas empennées.

Il lui fallait donc des plumes. Il regarda en l'air et apercevant l'aire d'un aigle à tête blanche, à la cime d'un grand sapin, il y grimpa et s'introduisit dans le nid de l'aigle.

L'aiglon s'y trouvait tout seul.

— Homme, dit-il au jeune magicien, mon père et ma mère sont absents. S'ils te trouvent ici à leur retour, tu es perdu. Cache-toi sous mes ailes.

— Alors, dis-moi à quoi je distinguerai ton père de ta mère.

— L'aigle mâle produit la neige; l'aigle femelle fait tomber la pluie, dit l'aiglon.

Il mit l'homme dans le nid et s'accroupit dans son aire, en le cachant de ses ailes étendues.

Tout à coup, l'aigle géant *Nontiélé* rentra au nid avec de la pâture. C'était la femelle, et elle portait un grand bonnet. Elle servit à son fils de la chair fraîche.

L'homme la tua, et elle mourut.

L'instant d'après, l'aigle géant mâle arriva à son tour, d'un grand coup d'ailes.

— Cela sent la chair humaine! s'écria-t-il.

Ce disant, il déposa dans l'aire un petit enfant, qu'il donna en pâture à l'aiglon.

L'homme le tua à son tour. Mais il dit au petit aigle qui l'avait protégé:

— Quant à toi, tu vas partir et désormais tu ne vivras que de poisson que tu pêcheras.

Et il le laissa partir.

Mais il dépouilla les deux autres aigles, et obtint ainsi des plumes pour empenner ses flèches, des plumes de tonnerre.

Tout à coup, un renne-gigantesque se montra sur le sentier.

Il y était couché, immense, gigantesque.

On n'en pouvait mais; comment le tuer? Tout le monde se cachait sous les arbres.

Alors le jeune magicien dit à la souris:

—Creuse pour moi une route souterraine vers le monstre.

La souris pénétra dans la terre, elle la creusa, elle y pratiqua un souterrain jusque sous les flancs du gros mangeur d'hommes, jusque sous son coeur. Le magicien se glissa à sa suite. Tous deux sortirent de terre en cet endroit, ils percèrent les flancs du renne-gigantesque, ils le tuèrent au coeur, et il mourut sur-le-champ. Le magicien en prit le nerf et s'en alla.

Il désira alors avoir des pointes pour ses flèches, des pointes de silex, et il se mit à chercher. Tout à coup, il aperçut un énorme crapaud qui faisait la jonglerie sur un bloc de silex où il était couché. L'homme prit de la glaise, il en fit des boules dures et tassées, qu'il lança avec force sur le crapaud et le tua. Puis il prit les pierres de flèche que le crapaud avait fabriquées par la vertu de sa médecine.

Étant ainsi muni d'une femme et de flèches magiques, Dunè partit pour la guerre.

Tout à coup il entend aboyer un chien, pronostic de la présence de l'homme, et aperçoit comme un carcajou qui traverse rapidement le sentier.

L'ayant aperçu avant que le glouton le vît:

— C'est moi qui l'ai vu le premier, se dit-il. Il est donc à moi.

Il courut sur le carcajou, le rejoignit, lui jeta son manteau sur la tête, le perça de ses flèches et se coucha sur lui. C'était un homme, un guerrier ennemi. Aussitôt il le scalpa, et repartit.

Il y avait en ce lieu une rivière; il la franchit d'un bond et se trouva sur l'autre rive, dans le pays des carcajoux. Il y avait une grande foule de carcajoux en ce lieu, et on voyait de toutes parts leurs demeures. Il entendit les petits carcajoux qui pleuraient pour avoir de la pâture.

Aussitôt le magicien se cacha; il contrefit le mort et se mit aux aguets. Les ca   le croyant mort en effet, s'en approchèrent imprude,   Aussitôt il en frappa un et l'atteignit au nez. Le carcajou éternua, se moucha, et de son nez il en sortit la résine des sapins.

Alors le jeune homme s'en revint vers sa femme qu'il avait laissée auprès de sa mère.

— Change-toi en ourse! dit-il à sa femme.

La vieille s'y opposait, de crainte qu'il ne la tuât ensuite. Mais lui le voulait et cela se fit. Elle devint ourse.

— Ah! mon gendre, s'écria la vieille mère, si les jeunes gens voient ma fille en cet état, ils la prendront pour une ourse véritable, et la tueront.

Ce disant, elle lui enleva toutes ses armes; mais lui se jeta sur l'ourse qui se sauvait et la tua à coups de flèches.

En mourant, l'ourse reprit sa forme de femme et appela son père à son secours, demandant vengeance et justice. Le vieillard assaillit le magicien, qui courut vers un lac, s'y précipita, et, en y plongeant, se métamorphosa en castor.

Alors le vieillard, indigné et furieux de la méchanceté de *Yamon,* se métamorphosa en hydre, animal gigantesque, semblable à un boeuf, mais avec des ailes sur le dos.

Il descendit du ciel, se posa sur les eaux du lac et les engloutit toutes, puis il se reposa sur le rivage. Son ventre immense était tendu comme une vessie gonflée, tant il était plein d'eau.

Le magicien commanda alors au pluvier de courir vers l'hydre et de lui percer le ventre, de son bec fin et acéré. L'oiseau lui obéit. Il perça le ventre de l'hydre, et aussitôt les eaux qu'il contenait en sortirent en mugissant. Depuis ce temps-là, les grandes eaux mugissent.

Quant au boeuf ailé, il repartit pour le ciel; et l'inondation que causa cet afflux d'eau considérable noya les deux vieillards.

On voulait cependant se défaire d'un sorcier si redoutable. Mais *Dunè-Yamon-riya* se jeta de nouveau à l'eau, redevint castor, remonta le *Naotcha* (fleuve Mackenzie), et s'en alla construire une immense chaussée à *Na-dèinlin tchô* (le Rapide des Remparts), où il demeura quelques temps sous la forme d'un poisson, sur l'île *Étiènduè* ou des Rennes.

Puis, ayant quitté ce gîte, toujours de crainte d'être surpris par les ennemis, il remonta encore le Mackenzie, sur le rivage, en compagnie du Porc-épic. Parvenus au second Rapide du fleuve, le Rapide *Nadèinlin-tsèlè* ou Sans-Saut, il lui fit traverser le fleuve sur son dos, et il plaça ce porc-épic en haut du Rapide pour qu'il y demeurât jusqu'à la fin des temps, sur la rive gauche.

Quant à lui, toujours castor, il construisit en ce lieu, en travers du *Naotcha,* un second barrage qui est le Rapide Sans-Saut; puis il retraversa le fleuve, se fixa sur la rive droite au lieu nommé *Tsa-tchô-toè-niba* (le gros castor qui trempe la queue à l'eau); car cette île ainsi nommée est effectivement sa queue. C'est la fin.

TROISIÈME PARTIE

Questions et réponses pour le trappeur débutant ou perplexe. Quelques notes sur la survie en forêt, l'équipement, le matériel, ainsi qu'une bibliographie.

LES PIÈGES

Les pièges sont une partie très importante dans l'équipement du trappeur. On trouvera ci-dessous quelques détails concernant leur emploi et leur entretien.

Les pièges à ressorts sont-ils dangereux?

Certainement et plus gros ils sont, plus dangereux ils deviennent pour le trappeur qui les manipule hâtivement. Les deux règles de base sont les suivantes: 1) Travaillez avec la serre à piège. 2) Travaillez par en-dessous de la mâchoire libre du piège.

Je trappe sur ma propriété et je me fais voler régulièrement mes prises. Que faire?

Gardez donc vos activités secrètes ou avertissez les agents de la conservation de la faune. La police locale peut vous aider aussi. Paraît-il.

Peut-on prendre les canidés avec des Conibears?

Je n'ai jamais réussi à le faire mais certains assurent que oui. J'aimerais bien savoir comment.

Quel est le meilleur moyen de marquer son piège pour le cas de vol?

Gravez dessus votre numéro d'assurance sociale.

Peut-on se servir de sardines en boîtes comme appât pour le chat sauvage?

Oui et tout ce qui sent le poisson.

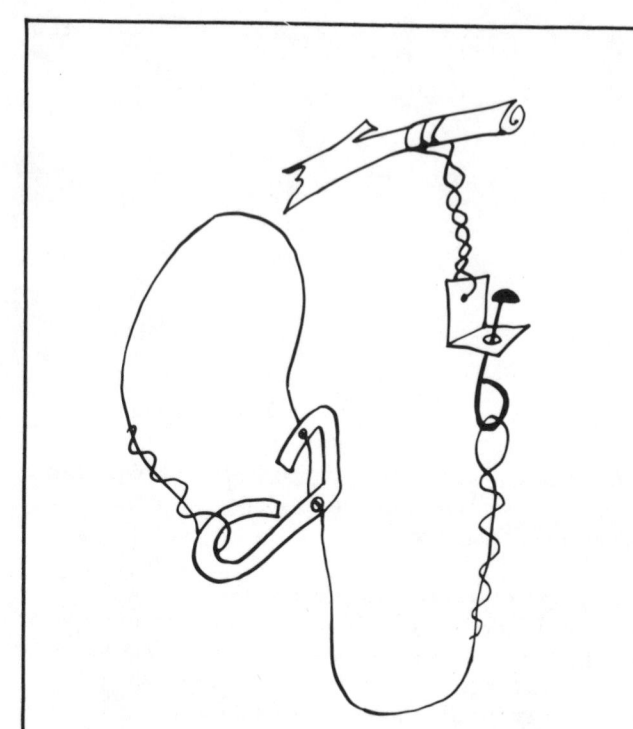

Le collet artisanal

1) On prend du fil à collet de la grosseur requise selon l'animal que l'on veut capturer. Voir tableau au chapitre des généralités.

2) Le tourniquet est fabriqué avec un clou et un petit morceau de métal. Le tourniquet à proprement parlé peut-être fait avec de la broche ordinaire.

3) La barrure est faite avec un crochet à cadre.

Façon générale de placer le déclencheur des pièges Conibear par rapport aux animaux que l'on veut trapper.

Il y a des animaux qui ont peur de s'approcher du piège. Que faire?

Ils ont sans doute raison. Mais on peut les aider à vaincre cette peur en plaçant près du piège de l'urine et des excréments.

On vend sur le marché une poudre antigel que l'on mélange au sol avant de recouvrir un piège par temps froid. Faut-il l'utiliser?

Certaines d'entre elles sont corrosives. Pensez à vos pièges. Le métal n'est pas indestructible.

Quelle est la meilleure façon de trapper le renard en hiver?

Au collet.

Quand doit-on lever les pièges?

De bonne heure le matin, surtout s'il y a orage ou chute de neige.

Que faire si les appâts disparaissent et si l'on ne prend pas l'animal?

N'enlevez pas le premier piège et placez-en un autre à la place où l'animal se trouvait quand il s'est emparé de l'appât.

Est-il vraiment nécessaire de retraiter un piège après une capture?

Pour les canidés, c'est presque indispensable.

Faut-il cirer abondamment les pièges?

Non. Une couche trop épaisse craque rapidement.

Je prends presque toujours mes renards par le bout des doigts. Où est la faute?

Les pièges sont trop sensibles. Il faut régler le déclencheur.

Quel est le truc pour capturer le plus d'animaux possible?

Une bonne cabane et un bon appât.

Quand on a réussi à attirer un ours dans un bon coin pour le trapper, quel est le meilleur appât végétal?

Les pommes.

Quelle est la meilleure façon de recouvrir un piège à renard dans un champs à l'automne?

De la bouse de vache séchée et réduite en poudre à travers laquelle on met des morceaux de "siffleux". C'est en cherchant à dégager les morceaux de viande que le renard se fait prendre.

Quel est le truc le plus simple?

Voici un truc tout simple qui convient pour à peu près tous les animaux.

Placez le piège approprié sur le sommet d'une habitation de rat musqué.

Comme leurre on se sert d'un bâton que l'on enfonce près du piège et qui porte un morceau de coton trempé dans un leurre.

Quand construire les cabanes?

Construisez vos cabanes durant l'été. Mettez-y un toit même si cela demande un peu de travail. Appâtez-les (sans piège) avant la saison de trappage avec des oiseaux ou autre viande disponible.

Vos futures prises viendront les visiter et auront moins de méfiance quand vous poserez vos pièges.

Est-ce grave de rater un animal?

Quand un animal échappe à un piège mal posé (cela vaut pour le renard et le castor mais pour bien d'autres bêtes aussi), le trappeur maladroit vient de l'éduquer. Un animal éduqué par un trappeur maladroit ne se fera plus prendre même par un trappeur adroit.

Quel est le meilleur piège pour la moufette?

La moufette est très facile à prendre et très difficile à garder dans un piège Victor 1. Je lui préfère le collet ou le Conibear. Mais le Conibear coûte cher et pèse beaucoup pour une moufette. C'est pourquoi je leur préfère finalement le simple collet.

L'odeur de l'homme s'imprègne-t-elle sur les pièges?
Oui! Les pièges ne doivent pas toucher les vêtements. On porte des gants et des bottes de caoutchouc.

Peut-on employer les mâchoires "à dents"?
Les pièges Victor viennent sans dents quand on les achètent. Mais certains trappeurs cruels en rajoutent pour mieux accrocher

l'animal. Cette méthode est particulièrement ignoble pour les loutres, car placé au bas des glissades, il arrive souvent que le piège prenne l'animal au ventre. Par surcroît, un piège à dents peut endommager la peau de l'animal.

Avec quel bois doit-on construire ses pièges à collet?
Avec du bois sec.

Un système de noyade est-il obligatoire?
Il est toujours important de prévoir un bon système de noyade surtout si l'on trappe la loutre.

195

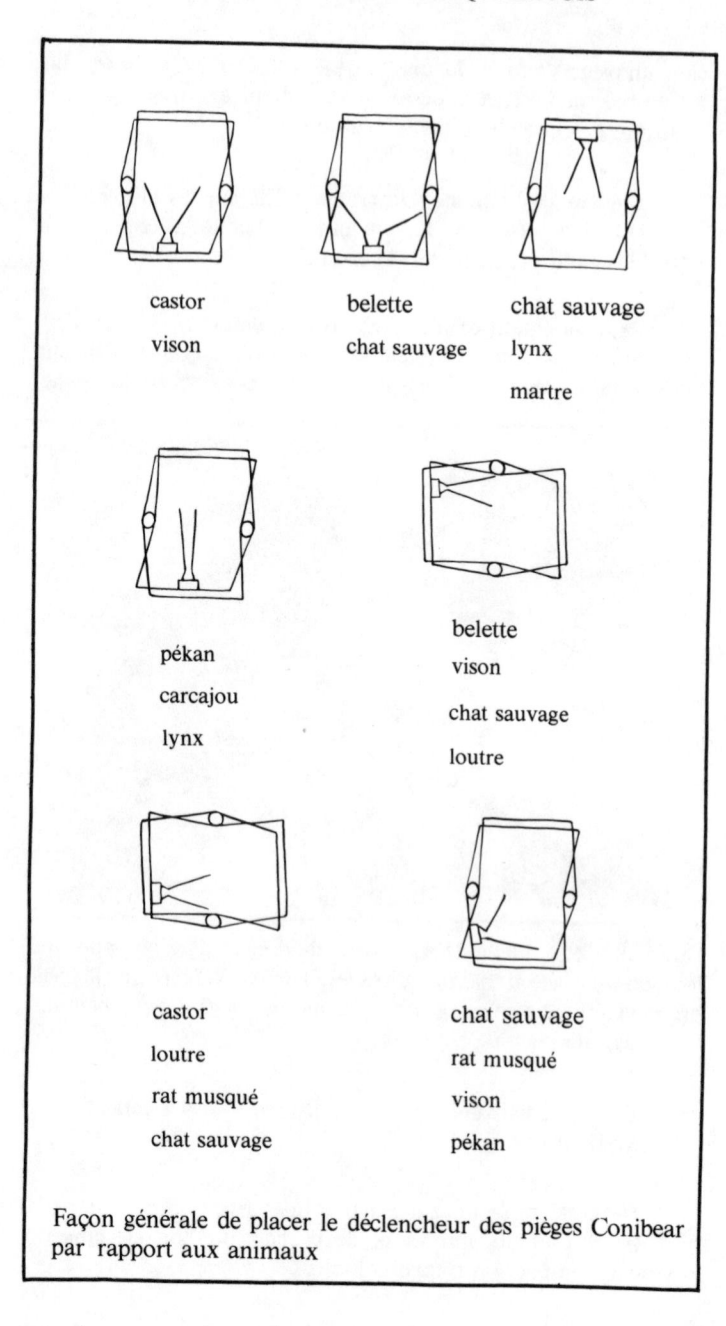

castor

vison

belette

chat sauvage

chat sauvage

lynx

martre

pékan

carcajou

lynx

belette

vison

chat sauvage

loutre

castor

loutre

rat musqué

chat sauvage

chat sauvage

rat musqué

vison

pékan

Façon générale de placer le déclencheur des pièges Conibear par rapport aux animaux

QUESTIONS ET RÉPONSES

LES PEAUX

Ce livre n'est pas un traité de tannerie. Voici néanmoins quelques renseignements concernant les peaux.

Que faut-il faire avec les peaux?

Le trappage d'autrefois était la façon de se procurer des fourrures pour les vendre au meilleur prix qui soit. L'amateur d'aujourd'hui n'a plus ces préoccupation. Néanmoins, il serait bien sot de gâcher les peaux des animaux que l'on attrape.

Nous ne pouvons pas donner ici tous les détails concernant les peaux et la façon de les préparer.

Voici toutefois quelques détails importants.

1) Il faut veiller à ne pas endommager les peaux quand on écorche l'animal. Évitez donc de donner des coups de couteau n'importe comment, surtout dans le dos.

2) Il faut lever ses pièges fréquemment et ne pas laisser l'animal mort près d'une source de chaleur avant de l'épiauter.

3) Il faut éviter de faire sécher ses peaux près d'un appareil de chauffage.

4) Il faut dégraisser la peau quand elle aura été enlevée.

5) Quand il est nécessaire de tuer un animal pris au piège, visez la tête et employez un petit calibre.

Le prix que l'on obtient d'une peau dépend de sa grandeur et de sa qualité. Cette qualité dépend souvent de la façon dont l'animal a été trappé et de la manière dont la peau a été préparée.

Écorcher un animal et en préparer la peau demande une main sûre et la connaissance d'une technique délicate. Pour des généralités sur ce sujet, on peut se référer aux ouvrages spécialisés. Dans son livre, *Techniques modernes de trappage* (éditions Parti-pris), George A. Robberts donne des éléments de technique fort valables. On trouve de bons renseignements dans le *Guide du trappeur* de Guy Provencher (Éditions de l'Homme).

Y-a-t-il un impôt sur les peaux?

Oui; c'est le droit régalien sur les fourrures que tout trappeur doit verser au gouvernement. Ces droits régaliens sont définis par le ministère de la chasse et de la pêche et l'on en a communication en s'adressant au ministère concerné.

CONSEILS

Un trappeur débutant m'a demandé un jour de lui donner quelques avis. Je les ai notés; les voici:

1) Faites des reconnaissances pré-saisons.

2) Ayez un bon équipement.

3) Entretenez avec soin tout ce dont vous vous servez.

4) Ne posez jamais de piège si vous n'avez pas de bonnes raisons de le faire.

5) Pour avoir ces "bonnes raisons", il faut avoir d'abord cherché (et découvert) des signes clairs de la présence du gibier: poils, traces de pieds, excréments le long des pistes et des cours d'eau, cabanes et tanières.

6) N'amenez pas de chien quand vous trappez.

7) Quand vous avez à recouvrir un piège, faites-le de telle sorte que cela paraisse naturel.

8) Visitez vos installations le plus souvent possible mais sans trop vous approcher s'il n'y a rien de pris.

9) Soyez humains avec vos prises.

RÉSOLUTIONS

1) Utiliser le maximum de ses prises et non seulement la fourrure: glandes, intestins, chair, etc...

2) Payer ses droits régaliens sur la fourrure.

3) Se perfectionner et se tenir au courant des nouvelles méthodes de trappage car il y en a toujours.

4) Éviter les accidents pour soi et pour les autres.

LES LEURRES

Il entre de nombreux ingrédients dans la fabrication des leurres. Nous en énumérons ici quelques-un des moins connus.

Qu'est-ce que le rhodium?

L'huile de rhodium dont on se sert dans la fabrication des leurres n'est autre que l'huile de bois-de-rose, arbuste poussant aux

Îles Canaries, connu botaniquement sous le nom de *convolvulus Dcoparius* ou *convolvulus floridus*. L'huile de rhodium s'obtient par distillation aqueuse du bois. C'est un liquide volatile d'un jaune pâle. On l'utilisait pour son odeur particulière en parfumerie et pour certains liniments. L'huile de rhodium de commerce est généralement un produit de synthèse.

Il ne faut pas le confondre avec le *Dalbergia nigra*, bois-de-rose du Brésil servant en ébénisterie.

À confondre encore moins avec le *Hawaian wood Rose*, *Argyreia vosa* ou *Merremia tuberosa*, également de la famille des convolvulacées dont les graines sont très toxiques et contiennent des acides D. lysergiques.

199

Qu'est-ce que l'assafetida?

Maintenant produit de synthèse, l'*assafetida* était autrefois un suc composé de la sève de différentes ombellifères en provenance de Perse et d'Afghanistan, particiculièrement le *ferula assafoetida* et la *ferula foetida*. On l'employait comme antispasmodique voire comme condiment. Son odeur persistante est celle de l'oignon; son goût est fort amer. On y trouve une bonne proportion de soufre.

Ce produit exotique est connu en Europe depuis au moins le 16ième siècle. On l'appelait alors *assa-fétide*. On l'utilisait en médecine.

Le mot *assa* semble venir du perse, *aza,* et signifie mastic; sans doute à cause de la consistance du produit.

Qu'est-ce que l'herbe à chat?

C'est le *catnip* anglais, vraisemblablement une déformation de *catmint* ou menthe de chat. C'est en effet une labiée de la famille de la menthe et le chat raffole de son odeur. On l'employait autrefois comme stimulant. Mais on peut aussi en fumer (les hommes du moins), les feuilles, mélangées avec du tabac pour obtenir un léger effet euphorisant.

En latin: *Nepela cataria;* Littré le liste sous le nom de *cataire* et prétend que son odeur est forte et peu agréable.

Qu'est-ce que la valériane?

Herbacée vivace dont la plus connue est la *Valeriana officinalis*. On s'en sert en pharmacie naturelle comme stimulant avec une action plus précise sur le système nerveux; on l'employait dans des cas d'hystérie et d'épilepsie. L'huile de valériane a une odeur très forte qui attire les chats... et les rats!

Qu'est-ce que le cumin?

Le cumin est une ombellifère, le *cumimum Cyminum,* dont les graines sentent un peu l'anis. On les emploie en cuisine pour leur goût délicat. L'huile de cumin n'a pas de couleur mais son odeur est agréable et son goût fort et brûlant.

Les ombellifères n'ont guère bonne réputation, à part les braves carottes qui sont le type de la famille. La ciguë a fait mourir Socrate comme l'on sait. Le *foeniculum vulgare,* fenouil en français, peut être dangereux et il ne faut pas le confondre. Même si son huile est employée en médecine vétérinaire comme stimulant, elle peut produire chez l'homme, à certaines doses, des attaques de genres épileptiques et des hallucinations.

QUESTIONS ET RÉPONSES

Qu'est-ce qu'une pointe à musc?

Certains animaux, dont le castor et le rat musqué, placent sur le haut de leur cabane des "pointes à musc", sorte de petit dôme odoriférant, qui servent à baliser leur territoire durant la saison des amours.

Ces "pointes à musc" attirent d'autres animaux, les loutres en particulier. C'est une bonne place pour piéger.

Quelles sont les glandes du castor?

Tout castor, mâle ou femelle, porte une double paire de glandes que l'on appelle 1) Tondreuses, 2) Sacs à huile. Toutes deux ont leur valeur. La grosseur de ces appendices ne coïncide pas avec celle du castor porteur.

Quel est le meilleur leurre pour le renard?

Le renard se fera prendre avec un leurre composé avec le foie et la cervelle du castor auxquels on aura mélangé de l'assafetida et de l'urine de renard.

Le castor fournit-il les meilleurs leurres?

Les glandes huileuses et les tondreuses de castor sont d'une valeur inestimable pour le trappeur car elles entrent dans la composition de bien des leurres. En voici trois où elles jouent un rôle prépondérant.

Pour le chat sauvage: 1 once d'acide acétique phénolé; $1/16$ d'once des huileuses de castor; $1/16$ d'once de tondreuses; $1/8$ d'once de musc de rat musqué; 10 gouttes d'huile d'anis; $1/2$ once d'essence de miel.

Pour le lynx: 1 once de glycerine; 1 once d'huile de poisson; 1 once des huileuses; une once d'huile de lynx, $1/4$ d'once de matrice de lynx.

Pour l'ours: 1 once des huileuses; $1/2$ once d'huile d'anis; 1 once d'huile de poisson.

Pour la martre: $1/16$ d'once d'huile de cumin; 1 once des huileuses; $1/16$ d'once de rhodium; une once d'huile de poisson.

L'ours, d'ailleurs, est extrêmement sensible à l'odeur des huileuses de castor.

Les leurres sentent-ils toujours aussi fort?

Les nuits chaudes et humides véhiculent mieux les odeurs des leurres.

Ne posez pas de pièges sous la pluie. Elle lave les odeurs de vos leurres.

Un musc frais est-il meilleur leurre qu'un musc vieilli?

Non. Un musc frais fait presque toujours peur aux animaux qui le sente.

Qu'est-ce que le musc?

Le vrai musc est tiré de deux glandes ovales situées près des organes sexuels du *Moschus moschiferus*, cervidé dont le principal habitat est le plateau de l'Altai en Asie centrale.

Cette substance d'une grande valeur est employée surtout en parfumerie. À l'état naturel, c'est un liquide visqueux qui se

transforme en séchant en une poudre brunâtre. La médecine l'employait également comme antispasmodique et stimulant.

On contrefait le musc en faisant agir de l'acide nitrique sur de l'huile d'ambre.

De nombreux animaux sont également porteur de musc dont la qualité est moindre.

On trouve également des plantes "musquées" comme le *Mimulus moschatus* que l'on cultive pour son odeur. Certaines fraises sont appelées *frega moschata* pour leur goût particulièrement fin et parfumé.

Quelle quantité de leurre faut-il employer?

Très peu. Quelques gouttes suffisent.

LES ANIMAUX

Réponses à certaines questions de détails concernant les animaux.

J'attrape mon castor par le ventre ou la queue. Pourquoi?

Il est possible qu'un castor fasse partir systématiquement un piège de type Victor avec sa poitrine ou sa queue, ne laissant au trappeur que quelques poils ou des doigts. La raison en est simple: le piège n'a pas été placé à la bonne profondeur dans l'eau. Quand on veut capturer un castor là où il sort de l'eau, il faut généralement placer le piège à 8 pouces de profondeur pour l'attraper par

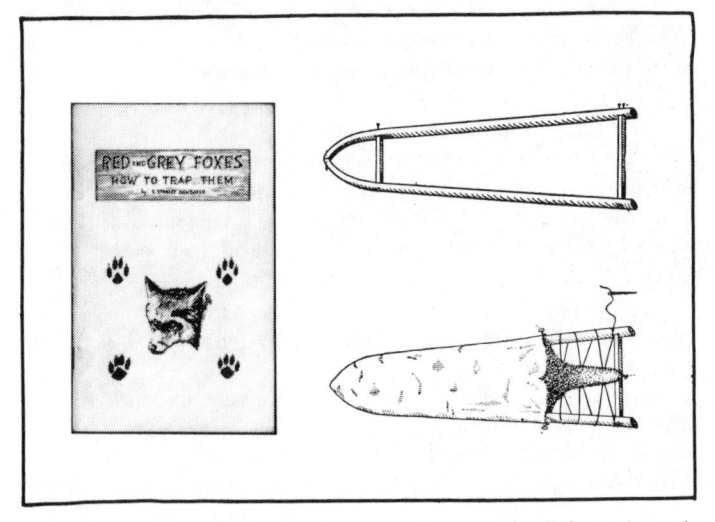

les pattes arrières. Si les bords sont très escarpés, il faut placer le piège à 17 pouces de profondeur.

S'il vous plaît, installez toujours un système de noyage rapide pour vos pièges à castor. Cela vous assure la prise et l'animal souffre moins.

Comment savoir s'il y a des castors dans un lac gelé?

En hiver, pour savoir s'il y a des castors dans un étang à castor (ce qui n'est pas sûr), on creuse un trou dans la glace et on y introduit un tremble ébranché d'environ deux pouces de diamètre. Au bout d'une semaine, si le tremble a été coupé juste sous la glace, soyez assuré qu'il y a au moins, un castor.

La motoneige est-elle permise?

La plupart des trappeurs sportifs ne passent pas assez de temps en forêt durant la saison morte. Pendant la saison, c'est trop souvent en motoneige. Il est défendu par la loi de suivre les animaux sauvages en motoneige.

Trappe-t-on par grand froid?

Pendant les nuits très froides et les tempêtes, les animaux préfèrent se réfugier dans des abris confortables. Dès que le beau temps est revenu, les carnivores sont sur leurs pistes en quête de proies.

Pourquoi ne pas amener un chien sur une ligne de trappe?

Votre chien aurait de bonnes chances de se prendre dans un piège. Et puis le chien domestique sent l'homme.

Le rat musqué aime-t-il la menthe?

Au début du printemps, quand l'eau est encore glacée, le rat musqué aime à se nourrir de racines de menthe sauvage.

Une rive, où l'on voit les racines de cette plante délicieuse dépasser de l'escarpement, est un bon endroit pour piéger le rat musqué.

Comment faire pour éloigner les lièvres des pistes qui ne sont pas les siennes?

Le lièvre a l'habitude de se faire des chemins d'hiver qu'il emprunte régulièrement. Il les quitte quand il découvre que certains animaux les empruntent aussi. Si vous désirez éloigner un lièvre d'une piste, versez quelques gouttes d'urine de pékan ou de lynx le long de cette piste.

Y a-t-il un appât particulier pour le lièvre?

La meilleure façon d'appâter un collet à lièvre est de placer à quelques pouces devant le collet quelques brindilles de tremble...et d'en placer autant derrière. Le lièvre mangera ce qu'il trouve devant le collet au travers duquel il passera pour aller chercher le reste.

Comment attraper une moufette empiégée sans se faire "arroser"?

Pour vous asperger de son suc odoriférant, la moufette doit vous présenter son derrière... et cela ne facilite pas la tâche quand, prise au piège, vous devez l'achever d'un coup de carabine dans la tête.

On peut toujours s'asseoir à une quinzaine de pieds de l'animal et essayer de le calmer en lui parlant doucement et sans faire le moindre mouvement. Approchez doucement. Si l'animal recommence à lever la queue, arrêtez. Avec beaucoup de patience vous y arriverez quoique les premières expériences se soldent souvent par un bon arrosage et des vêtements qu'il faut jeter.

LA SURVIE

Partir en forêt, seul ou avec d'autres, n'est jamais une expérience sans danger. Il n'est pas question de publier ici un manuel de survie en forêt; du moins peut-on donner quelques renseignements simples et efficaces.

Il y a quatre points importants dont il faut se souvenir en cas d'urgence.

1) Il est important de se nourrir convenablement.

2) Il faut savoir où et comment se procurer de la chaleur quand cela se fait sentir.

3) On doit se maintenir sur la route que l'on s'est tracée.

4) On doit pouvoir se soigner en cas de besoin.

En effet, le froid et la faim sont deux facteurs d'affaiblissement majeurs. Quant à la route à suivre, rien n'est plus déprimant que de s'apercevoir que l'on tourne en rond.

En bref, on ne devrait jamais entreprendre un voyage de trappage sans être préparé soigneusement physiquement et psychologiquement.

Vivre en forêt de Paul Provencher est une excellente initiation à la vie en forêt (aux Éditions de l'Homme). Mais il existe certainement de nombreux ouvrages dignes d'être consultés avant de penser au grand départ.

L'ÉQUIPEMENT

Chacun selon ses besoins et chacun selon ses moyens. Telle est la règle de base qui régit l'équipement de chacun. Il est inutile de cacher, toutefois, que s'équiper pour le trappage coûte assez cher, même en utilisant beaucoup le collet. La somme de $1000 sera vite dépensée.

Mais on peut commencer plus modestement.

Un trappeur débutant pourrait se contenter des pièges suivants: Victor 0: 5 unités   Victor pour ours: 1 unité

Victor 1: 20 unités

Victor 1 1/2: 5 unités   Conibear 110: 10 unités

Victor 2: 10 unités   Conibear 120: 5 unités

Victor 3: 5 unités   Conibear 220: 20 unités

Victor 4: 10 unités   Conibear 330: 12 unités

Le semi-professionnel multipliera par 3 ou 4 le nombre de ses pièges Victor et par 2 celui de ses Conibear.

Une petite bouteille de leurre coûte environ $3.

Il faut aussi acheter fils à collets, outils divers, nourriture, sac de couchage, vêtements, etc...

Une motoneige, un traîneau et un petit camion fiable s'avèrent très utiles.

Tout ce matériel (et plus encore malheureusement) se trouve dans les magasins spécialisés. Tout cela devrait être acheté et prêt avant le 1er novembre.

BIBLIOGRAPHIE

Note: il n'est évidemment pas possible de donner la liste de tous les ouvrages qui ont servi à la rédaction de ce livre. Nous en donnerons néanmoins quelques-uns en espérant que ceux qui aiment les animaux s'y réfèrent.

QUESTIONS ET RÉPONSES

Trappage

Techniques modernes du trappage par George A. Robberts, aux Éditions Parti-pris, Montréal 1975: un court mais efficace manuel comportant une description de l'animal, sa méthode de trappage classique, la valeur de sa peau.

Le guide du trappeur par Paul Provencher, aux Éditions de l'Homme, Montréal 1973: beaucoup plus qu'un livre de recette, l'auteur raconte ses contacts avec les animaux et la forêt au fil d'anecdotes touchantes ou amusantes. On y trouve également quelques techniques générales et quelques pièges.

Québec chasse et pêche: revue mensuelle où l'on trouve assez régulièrement des articles sur le trappage. Adresse: 3339 rue Desmarteau, Montréal.

Racoon Trapping et Red Grey Foxes, How To Trap Them par S. Stanley Hawbaker, Kurtz Bros, Clearfield Pennsylvania: deux petits manuels excellents avec de nombreuses illustrations.

Guide du chasseur de pelleterie par Henri de Puyjalon, réédité par les Éditions Leméac, Montréal 1975: la réédition du livre classique paru originellement chez Pierre J. Bédard en 1893. Dès la préface de son ouvrage, l'auteur écrit que "la chasse est tout

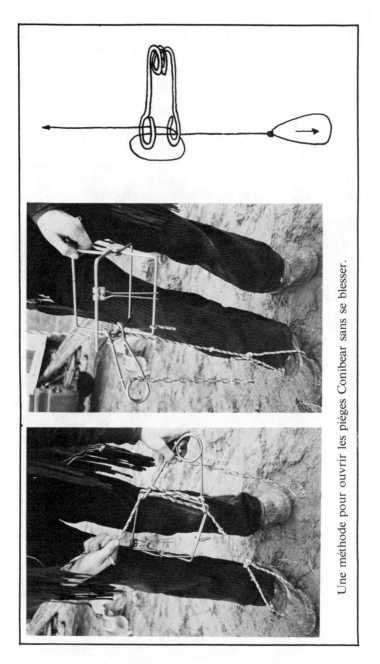

Une méthode pour ouvrir les pièges Conibear sans se blesser.

à la fois une étude et un plaisir". La présentation est de Bernard Assiniwi.

The Beaver Book par Nick Wyshinski: un excellent ouvrage en anglais sur le castor. L'auteur a écrit des livres spécialisés sur le rat musqué, le raton laveur et le vison.

Animaux

Il parlait avec les mammifères, les oiseaux et les poissons par Konrad Lorenz, Éditions Flammarion, Paris 1968: le grand naturaliste autrichien, rival de Frisch, prix Nobel quoique savant qui suscite souvent la polémique par ses prises de position sociales. Ce livre, son plus simple d'accès, est tout à fait charmant. Il plaira même aux enfants. Konrad Lorenz (qui ne doit pas aimer beaucoup le trappage) y parle avec intelligence des canidés et y développe, en particulier, sa célèbre théorie sur les chiens et leur double origine.

Architecture animale par Karl von Frisch, Éditions Albin Michel, Paris 1975: cet autre grand naturaliste autrichien y parle avec science et émotion de l'art de construire chez les animaux. Un chapitre entier est consacré au castor et autres rongeurs, seuls "constructeurs" notables de ce règne. La plus grande partie du livre traite des oiseaux, poissons et insectes.

Les Mammifères de mon pays par St-Denys, J. Duchesnay et Rolland Dumais, Éditions de l'Homme, Montréal 1969: un lexique des animaux québécois avec de merveilleux dessins. Les commentaires sont brefs mais vivants et justes.

Indiens

Seven arrows par Heymeyohsts Storm, Ballantine Books, New York 1973: des détails intéressants sur le rôle de certains animaux dans la légende des Indiens des plaines, Sioux, Cheyennes et Crow. L'ouvrage reste malheureusement un peu prétentieux.

Traditions indiennes du Canada nord-ouest par Émile Petitot, Éditions Maisonneuve et Larose, Paris; un recueil des légendes traditionnelles des peuplades du nord-ouest canadien. L'intérêt de ce livre est sa date de rédaction: 1886. Petitot est un narrateur habile et ses sources sont généralement fiables puisque prises directement sur le terrain. On croise dans ces histoires tous les animaux dont il est question ici, à part le coyote peut-être et le lynx.

Art of the Kwakiult Indians par Audrey Hawthorn, presses de l'Université de Colombie britannique, Vancouver: une somme graphique réunissant un grand nombre de photographies de masques et d'artifacts en provenance du nord-ouest canadien. Quelques détails sur les cérémonies attenantes mais sans développement.

The Taming of the Canadian West par Frank Rasky, McClelland and Stewart Limited, Toronto 1967: un chapitre complet de

cet album magnifiquement illustré est consacré à la guerre de la fourrure qui opposa la Compagnie de la Baie d'Hudson et la North West Company pour le privilège de trapper en Arthabaska.

Sur ce simple sujet, il y a de nombreux livres disponibles en bibliothèques publiques.

Symbolisme

Dictionnaire des symboles par Jean Chavallier et Alain Gheerbrant, Seghers, Paris 1969: de nombreux détails sur le symbolisme animal malgré une nette carence sur les Indiens d'Amérique.

Alchimie: le bestiaire alchimique comporte un certain nombre des animaux dont il est traité dans ce livre. En particulier le loup qui y joue un rôle important. Pernetty, dans son dictionnaire *mytho-hermetique* cite Anubis comme le dieu-chien et non pas comme le dieu-chacal comme on le fait ordinairement. Jung, dans *Psychologie et alchimie,* présente de très courtes notices sur le renard, le loup, l'ours et le chien.

La Clé de la magie noire, par Stanislas de Guaita, Éditions Perthuis, Paris 1967: cet essai sur les sciences occultes ne concerne guère les animaux. Mais l'auteur y développe toutefois une théorie sur les hommes-loup, les *lycanthropes* intéressante; il rapporte sur le même sujet des détails pris au cours de l'histoire.

Le Bestiaire du Christ par L. Charbonneau-Lassay, Éditions L.J. Toth, Milan 1974, d'après l'édition originale de 1940 aux Éditions Desclée, de Brouwer et Cie: la somme totale sur le symbolisme animal tel que vue par la tradition chrétienne. Cet ouvrage, hélas rare, est fascinant en comparaison avec les ouvrages d'anthropologie culturelle amérindienne.

The White Goddess par Robert Graves, Faber, Londres 1961: des notices sur le loup, le lynx, l'ours, etc... dans la tradition celtique.

Mythes sur l'origine du feu par James G. Frazer, petite bibliothèque Payot, Paris: un excellent chapitre d'information sur le rôle des animaux amérindiens dans la découverte du feu. Ce livre, hélas, ne comporte aucun index.

Dictionnaires

Dictionnaire Littré: d'excellents détails sur les animaux dans la littérature française.

The Century Dictionary, New York 1889: la meilleure référence générale sur l'histoire naturelle telle qu'on la concevait à la fin du siècle dernier. L'avantage de ce dictionnaire est qu'il a été conçu dans l'esprit américain et développe particulièrement les espèces nord-américaines.

Publications gouvernementales

De nombreuses brochures, livres, rapports et communications sont disponibles au Service canadien de la Faune. Nous avons cependant éprouvé de nombreuses difficultés à obtenir quelque renseignement que ce soit: on ne peut, paraît-il, communiquer avec le Service canadien de la Faune que par écrit et à Ottawa seulement... Néanmoins, nombre de publications sont gratuites et bien faites. Voici donc l'adresse où écrire pour obtenir une liste des travaux disponibles et...bonne chance!

Division de l'Information, Service canadien de la Faune
Environnement Canada, Ottawa, Ontario, K1A 0H3

Au service de la Faune du gouvernement du Québec, M. Richard Mathieu nous a ouvert les portes de ses connaissances et de sa bibliothèque. En voici donc le résultat...

Le trappage et le commerce des animaux à fourrures du Québec. Ce volume contient des données sur le marché actuel des fourrures ainsi que des conseils pratiques sur le piégeage et l'élevage des animaux, la préparation, le tannage, l'emballage et l'expédition des peaux. Fort précis et agréablement illustré, ce livre n'est malheureusement pas disponible. Au Service de la Faune on espère avoir terminé le travail de réédition pour l'année prochaine.

Faune du Québec. Chaque brochure, d'une quinzaine de pages, traite d'un animal. Particulièrement intéressant pour le curieux ou les enfants, on y donne des renseignements généraux et justes sur chaque animal traité. Une de ses grandes qualités: il est gratuit.

Ressources. Périodique bimestriel, traitant de l'eau. Naturellement, s'y greffent animaux, forêt, conservation. Vous pouvez vous y abonner gratuitement en écrivant: Gouvernement du Québec, Ministère des Richesses naturelles, Bulletin de la direction générale des Eaux, Québec, Québec.

Travaux en cours. Plus spécialisée que les autres publications, "Travaux en cours" prend la forme d'une brochure d'une cinquantaine de pages qui est le résultat d'études des professionels et techniciens du Service de la Faune. De lecture plus difficile, cette publication recèle cependant nombre de statistiques et de tableaux qui décrivent l'évolution de la faune au Québec. Cette publication dans ses éditions futures portera le nom de "Faune du Québec".

Disponible gratuitement.

Bulletins. Brochure facile et rapide à lire, mais source de renseignements divers propres à captiver le lecteur intéressé à la faune. Spécialement riche en connaissances pour les enfants. Disponible gratuitement.

Ces publications sont disponibles à l'adresse suivante: Ministère du Tourisme, Chasse et pêche, Service de la Faune, 5075 rue Fullum, Montréal, Québec. N'hésitez pas à écrire au Service de la Faune: nous y avons rencontré des personnes compétentes et intéressées à communiquer leur savoir.

Ce livre n'aurait pas été possible sans les ouvrages suivants, qui sont malheureusement introuvables aujourd'hui.

Professional Trapping par Walter Arnold
Fisher Trapping par Noël B. Stentor
Trappers Hand Book par Bill Leatherstich
Mink Trapping par Russ Carman
The Trappers' Profit System par Jim Purcell
Long Liner Fox Trapping par Carold Weiland
Essential of Oil Making Instruction par Paul Grimsbaw
Snare and Snaring par Raymond Thompson
Master Mink Methods par J.E. Dayley
Simplified Trapping par Walter S. Chansler

TABLE DES MATIÈRES

Achevé d'imprimer
en janvier mil neuf cent soixante-dix-neuf
sur les presses de l'Imprimerie Gagné Ltée
Louiseville - Montréal.
Imprimé au Canada